JN320552

PMO導入フレームワーク

プロジェクトを成功に導く　人・組織・プロセス・ツール
A Guide to Success in PMO (Project Management Office) Framework

高橋信也著
峯本展夫監修

まえがき

　プロジェクトマネジメントにおけるPMO（プロジェクトマネジメントオフィス）の重要性は多くのプロジェクトや企業で認識されており、全社的PMO組織に限らず、個々のプロジェクトでもPMOの設置が進んでいる。
　しかしながら、PMOをうまく生かせないため、人材は十分なように見えるにも関わらず効果が出ていない例はとても多く、プロジェクトを成功に導くことができていない。
　プロジェクトマネジメントにおけるPMBOK（Project Management Body of Knowledge）が普及したように、管理プロセスを構築することでPMO機能を強化し、プロジェクトの可視化を促進する方策は一般化している。また、プロジェクト管理ツールやリスク分析ツールを用い、効率的な管理プロセスを実行するケースも増えている。プロジェクトの状況は見えているにも関わらず、プロジェクトマネジメントを改善できない結果、プロジェクトを成功に導くことができていないPMOも多く存在する。
　PMOに必要な権限についての議論や、責任範囲が不明瞭であるから、役割も不明瞭になるという議論もある。しかしながら、権限や責任の付与は、PMOを機能させるための必要条件ではない。
　これらの問題は、"人や組織"に対する配慮が欠いていることが起因している。いくら立派なプロジェクト管理標準プロセスを作ったとしても、いかに優秀なソフトウェアを導入したとしても、そこでマネジメントを実行する"人や組織"が不適切なものであれば、プロジェクトマネジメントは良くならない。

"プロセスやツール"を導入することによるマネジメントの改善には限界がある。"人や組織"を生かしていくことで真のマネジメントを実現することができる。
　本書では、PMOのフレームワークを、

「組織」
「人」
「プロセス」
「ツール」

の4つに分けて論じる。類書と異なる点は、「組織」「人」に焦点を当てている所である。

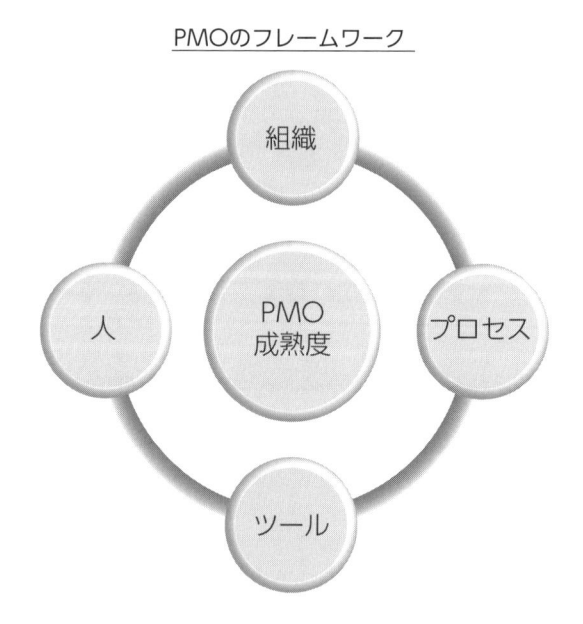

PMOのフレームワーク

- 組織
- 人
- プロセス
- ツール
- PMO成熟度

　PMOを導入し、活用するためには、それぞれ4つのフレームを適切に組み合わせつつ成熟度を向上させる必要がある。

例えば、進捗管理プロセスを導入する際、「プロセス」では管理プロセスのガイドラインや標準を作成し、「ツール」では必要なツールを選定する。「組織」では進捗管理におけるPMOの役割を明確化し、「人」では進捗管理に長けた人材のタスクを明確化し、遂行する。

まず「組織」に関しては、第2章「PMOの組織と役割－最適なPMOの組織形態と役割を考える」で、PMOの組織形態について触れ、それぞれの特色について述べる。

「人」に関しては、第3章「PMOの人材とスキル－PMOに適した人材と必要なスキルを考える」で、PMOの人材を3つのタイプに分類し、それぞれの役割・スキルについて述べる。

「プロセス」に関しては、第4章「PMOの実行とコントロール －PMBOK知識エリア別のPMO活用事例（24のケース）」で、PMBOKの9つの知識エリア別に事例を述べる。なお、ここでいう「プロセス」とは、方法という意味合いであり、業務プロセスのような手順の意味ではない。

「ツール」に関しては、第5章「PMO効率化のためのツール」でPMOにとって最も重要であるコミュニケーションツールとしてのプロジェクト管理ツールについて述べる。

そして最後に、PMO成熟度向上へ向けたロードマップや成熟度チェック手法について述べる。

マネジメントは理論家や評論家に属するものではなく、成果を導く者に属するべきものである。

「マネジメントとは，現代社会の信念の具現である。それは，資源を組織化することによって，人類の生活を向上させることができるとの信念である。経済が福祉と正義の実現の強力な原動力になるとの信

念の具現である。想像力だけの哲学や形而上の体系を築く者ではなく，一葉の草しか育たなかったところに二葉の草を育てる者が，人類の福祉に貢献する者であるとの思想の具現である」(ピーター・ドラッカー、『現代の経営』、ダイヤモンド社)。

　本書で述べられる主張はピーター・ドラッカー氏の思想に根ざしている。

　多くの方々のご支援がなければ、本書を世に出すことはできなかった。きっかけを与えてくださった峯本氏、若輩者の私にチャンスを与えてくださった生産性出版の方々、プロジェクトマネジメント、PMO改善のために共に切磋琢磨したクライアント企業の方々にこの場を借りて感謝の意を表したい。
　また、第4章の事例はマネジメントソリューションズの組織知とも言えるものである。多くの事例を作り上げたマネジメントソリューションズの仲間にも感謝の意を表したい。

　本書が読者の一助となれば幸いである。

Contents
PMO 導入フレームワーク

まえがき 1

第1章　PMO の現状と課題
－求められる PMO の方向性を考える　9

1.1　PMO 普及の背景と一般的なコンセンサス　10
1.2　PMO の抱える課題　16
1.3　求められる PMO の役割と成果　18

第2章　PMO の組織と役割
－最適な PMO の組織形態と役割を考える　27

2.1　PMO 組織フレーム　29
2.2　PMO の役割と機能①　参謀型 PMO　32
2.3　PMO の役割と機能②　管理実行型 PMO　38
2.4　PMO の役割と機能③　事務局型 PMO　43
2.5　役割・機能と『型式』　46
2.6　全社的 PMO　48
2.7　個別プロジェクトにおける PMO　58
2.8　PMO の進化系　62

第3章　PMOの人材とスキル
　　　　　－PMOに適した人材と必要なスキルを考える　65

3.1　PMO人材のスキル　66
3.2　プロジェクトマネジメントコンサルタント　69
3.3　プロジェクトコントローラー　73
3.4　プロジェクトアドミニストレーター　75
3.5　リスクマネジメントスキル　77

第4章　PMOの実行とコントロール
　　　　　－PMBOK知識エリア別のPMO活用事例（24のケース）　83

4.1　プロジェクト統合マネジメント　84
　　●ケース1　次工程を見える化する　86
　　●ケース2　フェーズ毎に反省会を開く　90
4.2　プロジェクト・スコープ・マネジメント　94
　　●ケース3　変更管理は「リスク」「課題」「インシデント」に
　　　　　　　分類する　96
4.3　プロジェクト・タイム・マネジメント　100
　　●ケース4　詳細なWBSを作る　102
4.4　プロジェクト・コスト・マネジメント　106
　　●ケース5　リスクをコスト化する　108
4.5　プロジェクト品質マネジメント　112
　　●ケース6　プロセス・タスク・成果物を標準化する　114
　　●ケース7　判定会議で品質を保つ　118
　　●ケース8　障害確認会で類似障害を防ぐ　122
4.6　プロジェクト人的資源マネジメント　124
　　●ケース9　詳細WBSで作業を平準化する　126
　　●ケース10　休暇管理台帳で休暇と納期を両立させる　130

- ●ケース11　意外に便利な紙ベースの進捗管理　132
- ●ケース12　PMOが率先垂範する　136

4.7　プロジェクト・コミュニケーション・マネジメント　138
- ●ケース13　メンバー間の意思疎通をよくする　140
- ●ケース14　コミュニケーションのルールを作る　142
- ●ケース15　チーム横断型課題管理表を作る　144
- ●ケース16　メールのルールを作る　148
- ●ケース17　会議を減らす　151
- ●ケース18　グローバルのルールを決める　155
- ●ケース19　コーチングを行う　158

4.8　プロジェクト・リスク・マネジメント　162
- ●ケース20　ヒアリングでリスクを吸い上げる　164
- ●ケース21　リスクチェックリストで多角的に調査する　167
- ●ケース22　重要度の高いリスクに注意する　170

4.9　プロジェクト調達マネジメント　173
- ●ケース23　必要なリソースを予測する　175
- ●ケース24　キャッチアップ会で即戦力化する　179

第5章　PMO効率化のためのツール　181

5.1　PMOに必要なツールと選定基準　182
5.2　コミュニケーションコストという考え方　183
5.3　PMOに必要なツールの要件　185
5.4　PMOのためのソフトウェア
　　「ProViz 5（プロビズファイブ）」　189

第6章　PMOのレッスンズ・ラーンド
　　　　　－PMOの成熟度レベル向上を考える　197

6.1　PMO成熟度とは　198

6.2　PMO成熟度の基準カテゴリ　199

6.3　PMO成熟度向上のためのロードマップ　201

あとがき　203

参考文献　205

著者・監修者紹介　206

装幀　TYPEFACE　渡邊民人

第1章 PMOの現状と課題
―求められるPMOの方向性を考える

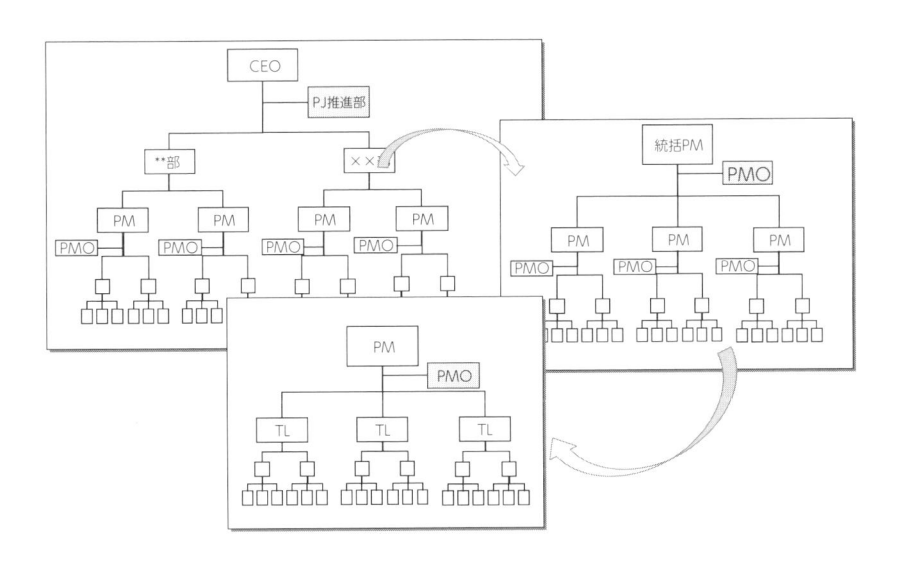

1.1　PMO普及の背景と一般的なコンセンサス

［1］　ますます複雑になるプロジェクトマネジメント

　企業組織は激変するビジネス環境の変化に対応すべく、プロジェクトを発足しその解決に当たる。立ち上がるプロジェクトは前例が無く、経験者も少なく、成功確率も低い。しかしながら、企業の成長を促進し、競合に打ち勝つためにはプロジェクトを成功させなくてはならない。競合となる相手も国内の同業種とは限らない。これまで競合と位置づけていなかった企業が突然、競合として現れる。

　立ち上がったプロジェクトもマネジメントが難しい。ステークホルダーとなる役員の意見が一致しない、1年前に決定したことが覆る、他社との共同プロジェクトではスコープが明確にならない。

　また、雇用の流動化、ビジネスのグローバル化などによりプロジェクトへ参画する顔ぶれも一様ではない。同じ会社でも中途入社が多く、仕事の進め方が異なる。雇用形態の違う社員、組織に属さないフリーランスのコンサルタントやSEも多く、プロジェクトの途中で抜けてしまう。グローバル化に伴い、システム開発の現場では中国人やインド人が多く、異文化コミュニケーションの壁にぶつかる。

　プロジェクト内外の調整に追われるだけではない。

　あふれ返る情報量も足かせとなる。会議で使用する資料は毎回分厚く、読み込むだけで会議の大半が終了する。しかも資料の内容は的確でない場合も多い。電子メールの受信件数が1日数百件は当たり前。会議は長時間で結論が出ない。伝えたはずだが伝わっていない。日本人は非言語的なコミュニケーションを好むと言われているが、メールによりコミュニケーションの質が悪くなり、意思疎通を図りにくくなったという問題も多く耳にする。

脳科学者の茂木健一郎氏は、「ITの成長のシナリオは我々の脳の情報容量が無限であることを前提としたものであるが、実際には脳が受け取り消化できる情報には限界がある」と言う。情報量に対して脳がパンクし始めている。

　インターネットが普及する以前の時代では、企業内部において取り扱われる情報は、しかるべきルートで入手された、ある意味厳選された情報だった。しかしながら、個々が容易に情報にアクセスできるようになった現在、必要な情報を発掘するための時間やコストが激増している。

　このような状況の中、PMBOKをベースとしたプロジェクト管理手法を導入したとしても、頻繁に変更されるスコープに影響され、マスタスケジュール（スケジュール・ベースライン）に不整合が生じる。現場ではあまりにも多くの課題が挙がっているため、目の前のタスクに追われ、先手を打つためのリスクマネジメントがおろそかになってしまう。リソース計画も行き当たりばったりで、投入が遅れてしまう。結果として、プロジェクトが失敗へと進み始める。

　"プロジェクトの成功確率は3割"という統計結果は日本に限らず、アメリカでも変わっていない。

[2] プロジェクトマネジャー依存の限界

　プロジェクトマネジャーの育成は経営課題である。複雑かつ高度化するプロジェクトに対し、何とか成果を出したいと思っている企業、個人がこぞってプロジェクトマネジメントを学んでいる。資格取得者も急増している。

　しかしながら、短期間で成果を挙げるプロジェクトマネジャーを育成することは困難である。座学の初級段階はクリアしたとしても、プロジェクトマネジャーとしての実務経験を得る機会が少なく、実践力を磨くことが難しい。これは日本に限ったことではない。PMI(Project Management Institute)によると、世界的にみてもプロジェクトマネジャーの不

足は顕著であり、早急な育成が望まれている。また、プロジェクトマネジャーを目指す若手も多くはない。ステークホルダーとの連日の会議で溜まる心労、長時間労働に耐えるプロジェクトマネジャーの背中を見れば、避けて通りたくなる道である。

　プロジェクトマネジャーの育成の難しさは、ライン組織における役員、部長、課長といったマネジメント層の育成の難しさと異なっている。企業の経営幹部やミドルマネジメントを育成する場合、社員から段階的に経験を積むことで、幅広い経験を積む。また、それぞれの権限や役割が明確になっており、多少スキル・経験が低くてもそのポジションになれば権限を持つようになり、役割を担うことができる。ほとんどの企業がこのライン組織機構を踏襲し、マネジメントされている。

　プロジェクトマネジャーにも権限、役割は明確にあるものの、可変的である。一般的にはライン組織よりも人事権は少ない。プロジェクトにフルタイムで参画すべき人材が、ライン組織の了承を得られず、パートタイムでしか参画できないこともある。プロジェクトというのは必要なタイミングでのリソース調達ができないと失敗するリスクが極端に上がる。また、求められる役割もプロジェクト期間中に変化する。企画力のあるプロジェクトマネジャーは、組織の統率力に欠けることがある。実行フェーズ後もプロジェクトマネジャーに任命されるが、その理由は"企画責任者である"ことであり、統率力に優れているからではない。

　ライン組織に比べ、プロジェクト組織はコミュニケーションパスが圧倒的に多い。ライン組織におけるマネジメントでは、ヒエラルキーが明確になっており、コミュニケーションパスは限定的である。"縦割り組織"の弊害が出てきてしまう理由はそこにある。プロジェクトは"横断的組織"、またはクロスファンクション的組織機構を特徴とする。

　プロジェクトマネジャーになりたいという若い人材も不足している。労多くして評価が少ないということもあるが、企業組織における位置づ

けが不明瞭であることも一因している。社内調整に疲れてしまうことを危惧している人も多い。

プロジェクトマネジャーのスキル向上のための育成プログラムは多く存在するが、企業組織におけるミドルマネジメントとしての育成はうまくいっていない。通常のライン組織のミドルマネジメントとプロジェクトマネジャーの位置づけが大きく異なるにも関わらず、育成や評価、権限などが整備されていない。

［3］ 組織的プロジェクトマネジメントの必要性とPMOの生い立ちおよび現状

プロジェクトマネジメントはプロジェクトマネジャー1人の力で行うものではない。例えば、プロジェクト組織が50名の場合、50人規模の会社を経営しているようなもので、売上規模でも5億円はある。売上5億円の企業を経営する場合、社長一人で、人事、総務、財務・経理、情報システムの担当になることはまずない。また、戦略や新規事業のための経営企画を設置し、取締役を複数置き、組織的に経営を行う場合もある。

50名規模のプロジェクトの場合、プロジェクト管理（進捗管理、課題管理、予算管理、リソース管理など）を行い、プロジェクトの状況を可視化しつつ、各ステークホルダーとの調整を行うために、プロジェクトマネジャー独りでは工数が不足する。そのような中、"事務局"、"プロジェクトオフィス"、"PMO"などという呼び方でプロジェクト管理業務を支援する組織として設置されてきたものが現在のPMOの原型と考えられる。その後、複雑になるプロジェクトマネジメント、不足するプロジェクトマネジャーの育成に対応すべく、PMOは"プロジェクトマネジャー支援"、"プロジェクトマネジャー補佐"としての役割を担うようになり、組織的プロジェクトマネジメントとしての形が生まれる。同時に、全社的にプロジェクトマネジャーを支援するPMO組織も生まれる。COE（Center Of Excellence：企業グループなどで部門横断的取り組みを継続して行

う際に、その活動にかかわる人材やノウハウ、ツールなどを結集した組織やグループ）、プロジェクトマネジメントセンターなど様々な名称を持つ組織機構が存在する。

　このように組織的プロジェクトマネジメントの必要性に迫られた結果、PMO組織は近年自然発生してきたものと考えられる。

　　「PMOの数が増え始めたのは、1990年代の中ごろから後半にかけてである。2005年のデータによると、驚いたことに現存するPMOのうち54％が過去2年の間に設置されたのだ。2002年では、半分のPMOが2年以内に誕生したものであることがわかった。」（プロジェクトマネジメントオフィス調査　フェーズ1、Brian Hobbs, PM Journal Mar2007, PMI）

　PMOの役割や権限に関する一般的なコンセンサスはプロジェクトマネジャー以上に得られていない。

　　「様々な組織において、多様なPMOが存在する。ところが、実践者同士のコンセンサスは欠如し、文献による適切な解説は不足している。このような理由により、PMOに関する話題は意見の多様性と混乱、といった特徴によって現されることが多い。多くの人は、限られた数のPMOの存在しか知らないため、全てのPMOが自分たちの見たPMOと似たようなものだと、不適切に結論づけてしまっている。コンセンサスの欠如は次のような理由により、理解できる。
1）PMOが比較的最近の事象であること。
2）PMOの役割や形が多種にわたっていること。
3）PMOの系統だった調査が行われてこなかったこと。」（プロジェクトマネジメントオフィス調査　フェーズ1、Brian Hobbs, PM Journal Mar 2007, PMI）

PMBOKガイド第4版では、

　「プロジェクトマネジメント・オフィス（PMO）とは、管轄するプロジェクトを集中的にまとめて調整するマネジメント活動の、さまざまな責任が割り当てられた組織体。PMOの責任は、プロジェクトマネジメントを支援することからプロジェクトを直接マネジメントするまでの広範囲にわたる」

と定義されている。

　このようにPMOとは、実態を捉えることができない難しい組織であるものの、プロジェクトマネジメントにとって欠かせない組織機能として普及し始めている。しかしながら、プロジェクトマネジメントに実効力を持たせるべく、補完的に生まれた機能であるがゆえに、位置づけが不明瞭になっていることが指摘される。本書では実践的なPMOを構築するために、"人や組織"としてのあるべき姿を探っていく。

1.2　PMOの抱える課題

[1]　役割の多種多様性
　「PMOの役割は様々である」という表現は言い得て妙であると同時に、PMO実務担当者の立場に立つとやっかいな話である。確かに、PMO組織の役割や権限はPMOの属する組織のあり方に合わせるべきであるし、プロジェクト成功のための柔軟な対応はPMOに期待されることも事実である。

　企業における経営企画部門も同じような問題を抱えている。予算をとりまとめている部門としての役割、経営の意志を反映し、新しい施策を打ち出す役割を担うものの、実行責任まで担うことはなく、他部門との間に一定の距離感を保つ必要がある。

　PMOも同じ立ち位置であると言える。PMOはプロジェクト参謀としての役割も求められる一方、プロジェクト状況に関して詳しく知っておく必要があり、そのための管理業務も担う。場合によっては、事務局として、事務処理も担当しなくてはならない。例えば、メンバーの入退出管理、パソコンの設置、会議の準備のためのコピー取りなどの事務処理を行う。また全社的PMO組織の場合、プロジェクト管理導入のための標準ルールの策定、品質管理部門的な役割としてISO対応を行うなど守備範囲は広く、結果的にPMOの役割を不明瞭にしてしまうことも少なくない。

[2]　責任範囲の不明瞭さ
　実行責任を担うプロジェクトマネジャーに対し、PMOは口ばかりで責任を負わないという話を耳にする。評論家となってしまうPMOも確かに存在する。これは、1つの会社組織として見た場合の経営企画、

総務、経理など間接部門の責任範囲に関わる問題と同じである。経営企画部門は予算を取りまとめ、年次予算を策定する役割を担う場合があるが、予算の実行責任は各事業部門である。経理部門もルールに則った経費処理は行うものの、経費を使用した結果に対する責任は各事業部門である。無駄な交際費使いすぎの原因はどこにあるのだろうか？予算管理が不十分な経営企画部門なのか、交際費の承認ルールを徹底させていない経理部門なのか、それともそれを使用した事業部門の責任なのか、指示をしていない経営陣にあるのか？プロジェクトマネジャーとPMOおよび各チームの責任分担についても同様に考えることができる。プロジェクトの進捗状況を正確に把握できていない責任はルールを徹底していないPMOにあるのか、報告しないチームリーダーにあるのか、指示をしていないプロジェクトマネジャーにあるのか。PMOは様々な狭間の中で、どこまでどのような責任を担うべきか、日々苦悶している。

［3］　人材の不足

　役割、責任範囲が明確になったところで、人材がいなければ組織は機能しない。PMOに適した人材が不足している、また言い換えればPMOに適した人材がよく理解されていないとも言える。例えば、システム開発プロジェクトの場合、システムエンジニアがそのままPMOとして参画するケースも多く見受けられるが、不明瞭な役割、責任範囲の中、うまく立ち振る舞うことができず、何も役に立たないことがある。そもそもPMOのキャリアパスも不明瞭であるため、企業内で育成することが困難となっている。

1.3　求められる PMO の役割と成果

［1］　PMO の役割を"敢えて"定義する理由
　「PMO の役割は様々である」というある種の命題に挑んでみたい。属する組織の環境にあわせて千変万化する組織が PMO であるとすれば、PMO 実務担当者にとってはつかみどころのない話になってしまう。マネジメントに定型はなく、その時々の試行錯誤から生まれ出る知恵が重要であることは間違いない。しかしながら、マネジメントが機能するための原理原則はあってしかるべきである。プロジェクトマネジャー的なものと PMO 的なものの差異は一般的に理解されるべきである。なぜならば、プロジェクトマネジメントを実行する上でプロジェクトマネジャーと PMO の動きは表裏一体となるものであるが、PMO の役割が不明瞭であると、プロジェクトマネジャーは PMO をうまく生かしきれないからである。
　これは、企業のトップが複数の取締役、経営企画部門や経営コンサルタントを使う場合に似ている。企業経営者を取り巻くマネジメントに関わる人材を生かすも殺すも使い方次第であり、立ち位置や役割が不明瞭であるとうまく活用できない。取締役、経営企画部門や経営コンサルタントの役割に関しては一般的な理解が浸透している。しかしながら、PMO に関しては浸透していない。

［2］　PMO は専門家ではない
　PMO の役割を定義する上で、ひとつ注意しなければならない点がある。それは、PMO は専門家ではないという点である。PMO はプロジェクトマネジメントオフィス、またはプログラムマネジメントオフィスという意味であり、あくまで"マネジメント"に関わる。

ドラッカーは次のように専門家とマネージャーを区別している。

　「マネージャーと専門家との関係も、マネージャーと責任と機能によって定義することによって、初めてはっきりさせることができる。専門家にはマネージャーが必要である。自らの知識と能力を全体の成果に結び付けることこそ、専門家にとって最大の問題である」(『マネジメント―基本と原則―』ピーター・ドラッカー著、上田惇生編訳、ダイヤモンド社)

　PMOもプロジェクト(またはプログラム)マネジメントオフィスと称する以上、マネジメントに属する組織機能を持つ。

[3]　PMOの役割と責任範囲

　PMOの役割については第2章で整理するが、PMOはプロジェクトマネジメントを支援する組織として、プロジェクト状況の可視化、コミュニケーションの促進とコミュニケーションコストの削減、マネジメントの意思決定支援を担うことが求められる。そのために必要なプロジェクトの管理機能の導入・定着・改善を行うが、管理機能そのものは目的ではない。管理機能はマネジメントの成果を上げるための手段である。

図1-1　個別プロジェクトにおけるPMOの役割

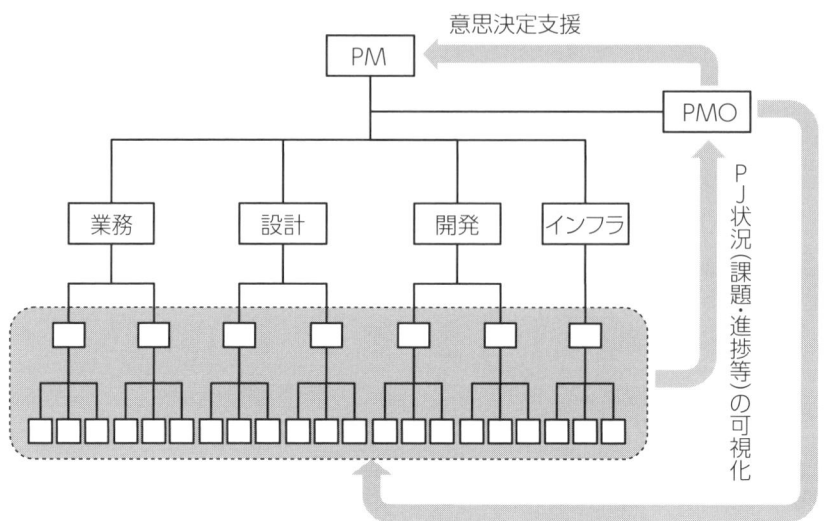

```
                    意思決定支援
            ┌─────PM ◄─────────────┐
            │    │                  │
            │    └──────────────── PMO
            │                        ▲
    ┌───┬───┼───┬────┐               │
   業務  設計  開発  インフラ          P
    │    │    │    │                J
   □□  □□  □□  □□               状況
   ...                              （課題・進捗等）の可視化
   ┌─────────────────────┐          │
   │ □□ □□ □□ □□ □□ □□ │          │
   │ ...                │──────────┘
   └─────────────────────┘
        ▲
        │
   プロジェクト管理プロセスの導入／定着／改善
```

　各チームおよびプロジェクトマネジャーはプロジェクトの最終成果に対し、直接寄与することになるが、PMOは間接的に寄与する。そのため、例えばプロジェクト文書*以外のドキュメントなどの成果物の作成をPMOが実際に行うことは無い。

> *プロジェクト文書とは、プロジェクトマネジャーがプロジェクトをマネジメントするために使用するものであり、プロジェクト憲章、責任分担マトリクス、契約書、プロジェクトの組織構造、品質チェックリストなど様々なものがある（PMBOKガイド第4版、P350を参照）。

表1-1　PMOの権限と責任

	権限	責任
プロジェクトマネジャー／プロジェクトリーダー	人事、予算	PJ完了責任 納期、予算、品質
チームリーダー	作業指示、評価	チームの作業完了責任 モチベーション、作業管理
PMO	プロジェクトマネジメント品質についての是正	生産性向上（特にマネジメントの意思決定プロセス、現場の管理プロセス）

また、作業性質も異なる。

表1-2　PMOの作業性質

	作業範囲	成果物	作業のタイプ	メンバーのスキル
他チーム	特定の範囲	納品対象	積上げ型	特定業務のスキルが必要
PMO	広範囲	納品対象外が大半	繰り返し型・突発型	幅広いスキルが必要

［4］　PMO設置による効果

　PMOを設置したからといってプロジェクトが成功する訳ではないが、成功確率アップに貢献する3つの効果が期待できる。プロジェクトの可視化、コミュニケーションコスト削減と効果アップ、意思決定の迅速化である。

①プロジェクトの可視化

　プロジェクトの状況を知るためには、管理情報が必要である。進捗管理、課題管理、リスク管理、予算管理に加え、システム開発プロジェクトでは、変更管理、障害管理など様々な管理プロセスを導入することでプロジェクトの状況を可視化する。ただし、標準管理プロセスをそのまま導入し、他のプロジェクトのテンプレートをそのまま流用しても、表

面的には管理情報は整うが、真のプロジェクトの状況は見えない。

　最終的なアウトプットを作るプロジェクトメンバーやそれらを管理するチームリーダーが管理プロセスや管理テンプレートの中身を理解し、なぜその管理情報が必要なのか理解する必要がある。形式的な管理情報は意味を持たない。管理情報を扱う主体はPMOではない。

　管理業務を目的としたPMO設置は、しばしば強引な管理プロセスの導入を行い、可視化させるどころか、逆にプロジェクトを混乱させる場合がある。

　PMOの成果として必要なことは、プロジェクト内、または全社的PMOであれば各プロジェクトに対し、プロジェクト管理の必要性とそれによるプロジェクト成功率を上げる効果について説明を行い、"腹落ちさせる"ことである。管理される側という視点に立つと、管理情報を上げるひと手間を省力化させたいとい気持ちになる。納得してもらい、習慣として根付かせていくことがPMOの役割として重要である。

②コミュニケーション効果促進とコミュニケーションコスト

　プロジェクトマネジメントにおけるコミュニケーション量は実に膨大なものである。コミュニケーションパスを例に取ると、分かりやすい。パスの数え方は、n（n-1）／2で計算する。

　4人の場合、6通り程度であるが、6人になるとその倍以上の15通り、50人になると1225通りにもなる。当然、1対1でのコミュニケーションを行うわけではないので、何人ずつかにまとめてコミュニケーションを行う。その括りはヒエラルキー型の組織体制であったり、物理的に作業を行う座席配置であったり、様々な会議も複数人でのコミュニケーションパスを減らす役割を担う。電子メールはよりダイレクトだ。一度に何百人に対してでも情報を発信でき、Webツールを使えば、情報共有は容易である。

図1-2　プロジェクトにおけるコミュニケーション量

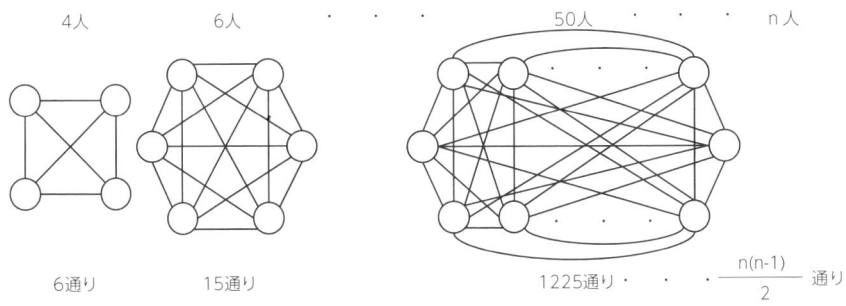

4人　　　6人　　　　　　　50人　　　　　n人

6通り　　15通り　　　　　1225通り・・・ $\frac{n(n-1)}{2}$ 通り

パスを減らすために・・・

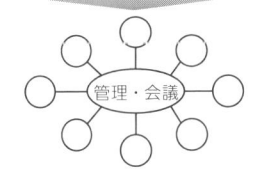

管理・会議

　しかしながら、それらのコミュニケーションにかかる負担は大きい。連日の長時間会議、読むべきものを探すだけで時間のかかる電子メールはコミュニケーションの非効率さを招いている。どのくらいの負担になっているのか、コミュニケーション量をコストとして捉えるとどれほど無駄が生じているのか理解しやすい。"コミュニケーションコスト"と表現するが、コミュニケーションにかけた時間に対する時間×1時間当りの人件費と考えれば分かりやすい。例えば、部長、課長、プロジェクトマネジャー、リーダー、プロジェクトメンバーが会議を1時間行った場合、単純に考えても2万円ほどになる。

　プロジェクト管理もコミュニケーションコスト削減のための1つの手段と言える。プロジェクト管理の標準化やシステム開発における開発標準もコミュニケーションコスト削減のための1つの手段である。統一された記述方法でお互い齟齬の無いよう、コミュニケーションを取ることで無駄を省くことにつながる。

もちろん、コミュニケーションコストはただ単に削ればよいというものではない。特にプロジェクト立ち上げ当初はお互いをよく理解するために無駄と思われる会議や話し合いの場を設けるべきである。1泊2日程度の合宿を行うプロジェクトもよく見かけるが、人間関係を作る上で大切なイベントである。人間的な信頼関係をベースとしたコミュニケーションは、究極的には"あ・うんの呼吸"と言われるように、コミュニケーションコストを極限まで低減させる。しかしながら、あまりにその極みを目指しすぎると逆にお互いに間違いを理解しないまま進んでしまうこともある。

　このように、コミュニケーションコストを削減しつつも効果を高めていく施策を実行していくことがPMOの成果として捉えることができる。

③意思決定支援

　プロジェクトは期間限定の活動であり、多くの場合、時間的余裕は少なく、そのためプロジェクトマネジャーは迅速な意思決定を求められる。迅速な意思決定を行うためにはプロジェクトの状況をリアルタイムに把握する必要があり、効率的な情報収集は欠かせない。

　プロジェクトの状況がすぐに把握できない場合、プロジェクトマネジャーは状況把握のため個別に聞きに回り、会議を開かなくてはならない。また、管理情報が整備されていない場合、管理資料は存在してもそれを読むだけでは情報把握ができない。課題管理表を見ても、課題なのか、ToDoなのか、備忘録なのかわからない内容では、結局聞いた方が早いということになり、プロジェクトマネジャーは状況把握に奔走することになる。

　PMOの3つ目の成果は、プロジェクトの意思決定支援であり、プロジェクトマネジャーに迅速な意思決定を促すことであると言える。特にリスク対応に関しては、先手を打つことが何よりも肝要である。先々の

リスク対策を"考える時間"をプロジェクトマネジャーにねん出してもらうことも重要であり、PMOはそのための支援をする。

[5] PMOフレームワーク

次章以降ではPMOの役割、機能や人材などについて詳しく述べるために「PMOフレームワーク」を使用する。「PMOフレームワーク」は組織、人、プロセス、ツールの4つの軸に分かれる。

組織
PMOとしての組織のあり方を、役割、機能、型式という3つの軸を用いて定義する。

人
PMO人材をプロジェクトマネジメントコンサルタント、プロジェクトコントローラー、プロジェクトアドミニストレーターという3つのキャリアに分け、論じる。

プロセス
PMOの担うプロセス事例をPMBOKの9つの知識エリア別に論じる。

ツール
PMOに必要なプロジェクト管理ツールについて論じる。

第2章 PMOの組織と役割
―最適なPMOの組織形態と役割を考える

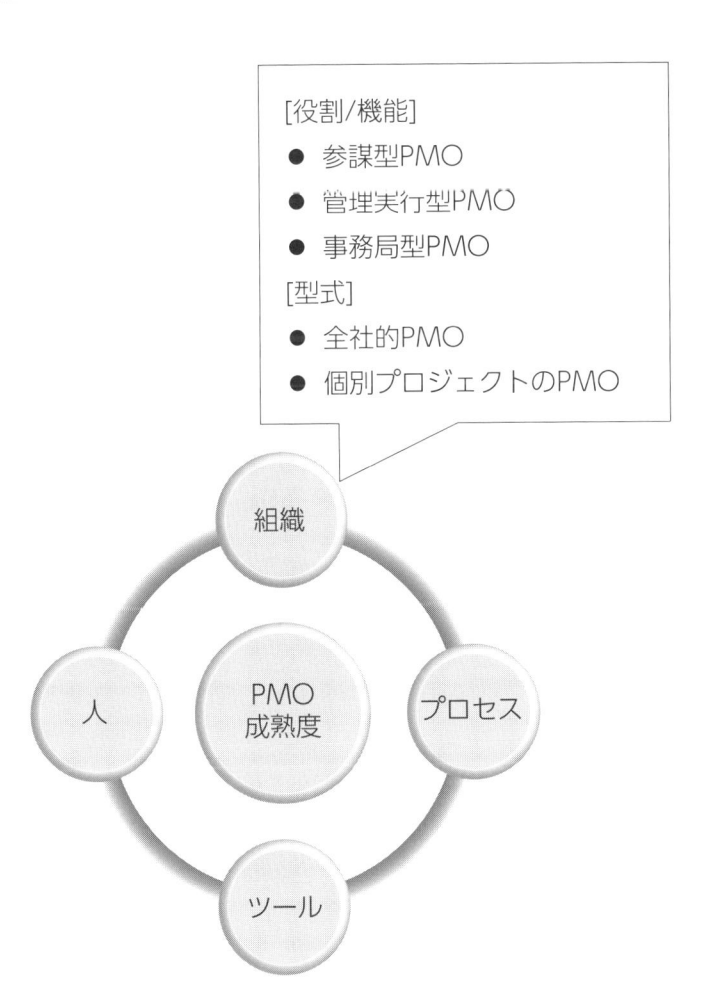

[役割/機能]
- 参謀型PMO
- 管理実行型PMO
- 事務局型PMO

[型式]
- 全社的PMO
- 個別プロジェクトのPMO

- 組織
- 人
- PMO成熟度
- プロセス
- ツール

PMOをその組織内での位置づけでとらえた場合、様々な立ち位置があり、役割の明確化が一層難しくなってしまう。

例えば、全社的PMOの場合、既存のライン組織との衝突に会う。プロジェクト予算が各ラインの権限で管理され、リソースも各ラインの権限に依存する場合も多く、全社的PMOとしてプロジェクトに口出しもできない。プロジェクトのステークホルダーは多岐にわたっているため、ライン組織を越え、全社的な調整が必要な場合も多く、全社的PMOが役割を担わなくてはならない。そもそも全社的PMOはプロジェクトという官僚組織機構になじまない組織体に対する支援組織であるため、役割もその企業に応じて変化する。

個別プロジェクトのPMOは導入も進んでおり、プロジェクト管理導入・定着という役割としては一般的になってきている。しかしながら、プロジェクトの状況が悪化してきた場合、どこまでPMOが手を下せばよいのか、コンセンサスは得られていない。

PMOの組織形態と役割は企業毎、プロジェクト毎、またグローバル企業であれば、国毎に異なる。そもそもプロジェクト組織は、硬直的な官僚組織機構では対応できないビジネス環境に対応するために生まれた。したがって、それらを支援するPMOはより一層、柔軟に対応しなくてはならない。

一方で、組織形態や役割に関するコンセンサス無しに動くと、PMOに対する過度な期待、過小な評価につながり、PMOの効果を疑問視する結果を生み出す。

ここでは、その組織形態と役割を単純化し、PMOの組織形態と役割について論じる。

2.1　PMO 組織フレーム

PMO 組織定義を行うに当り以下の3つの要素を用いながら説明する。

① 役割
② 機能
③ 型式

『役割』は大きく3つに分けることができる。

- 参謀型 PMO　　プロジェクトマネジャーの参謀役となり、プロジェクトまたはプログラム上のリスクや課題などの対応を行う。
- 管理実行型 PMO　　プロジェクト管理の徹底、ISO などのマネジメント手法を導入定着・実行する。
- 事務局型 PMO　　各種社内手続き、会議のファシリテーションなどを行う。

『機能』はそれぞれの役割について詳細を述べたものであり、機能の中にタスクが含まれる

『型式』（かたしき）とは、「航空機・自動車・機械などで、特定の構造や外形などによって分類される型」のことであるが、PMO もその役割と機能を組み合わせることでいくつかの分類が可能である。

図2-1　PMOの役割・機能・型式

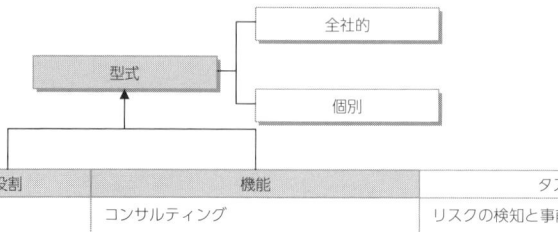

役割	機能	タスク 例
参謀型	コンサルティング 意思決定支援 駆け込み寺	リスクの検知と事前予防策実施 マネジメントレポーティング 組織間の調整　など
管理実行型	プロジェクト標準の策定と導入定着 プロジェクトの可視化 管理実行支援	進捗管理、課題管理、リスク管理、変更管理のプロセス策定と導入定着化 上記プロセスにおける分析レポートなど
事務局型	基本情報整備 作業環境整備 自社の管理業務	メンバー管理(セキュリティ、入退出など) PCなどの環境整備 成果物管理、予算管理　など

型式 ─┬─ 全社的
　　　└─ 個別

『型式』の2つのタイプ

　『型式』は大きく分けて2つ存在すると言える。全社的な観点から複数のプロジェクト*を支援するPMOと、プロジェクト毎のPMOである。前者は、プログラムマネジメントオフィスと呼ばれることもあり、スペルは同じであるがプロジェクトマネジメントオフィスと混同される。本書では読みやすさを重視し、全社的PMOとPMOの2つで表現することとする。

　全社的PMOは企業全体プロジェクトを統括する企業内PMOとして、主にSI業界を中心に近年整備が進んだ。また大規模プロジェクトなどではPMOの設置は一般的に行われている。グローバルプロジェクトでは国内のPMOと海外のPMOがスケジュール調整を行ったり、リスクマネジメントやスコープマネジメントを担ったりすることもしばしばである。

次節以降では、PMOの役割と機能のあり方を3つ述べた後、型式のあり方について論じる。

> ＊複数プロジェクトを対象とする場合、「プログラムマネジメント」という表現も使われるが、厳密にいえば、EPM（エンタープライズプロジェクトマネジメント）やPPM（プロジェクトポートフォリオマネジメント）と区別される。また、本書では議論を分かりやすくするため、EPMもPPMも全社的PMOの概念の中に取り込み、論じている。全社的PMO機能のあり方は、EPMやPPMにもそのまま通じるため、個別には論じないこととした。

2.2　PMOの役割と機能①　参謀型PMO

　プログラムまたはプロジェクトにおける問題は様々であるが、PMOが問題解決の役割を担うことに理解が得られないことも少なくない。プロジェクト側の責任で解決すべき問題、各ライン長が解決すべき問題、経営課題として解決すべき問題と切り分けた場合、入る隙間が無いように思われる。そのようなPMOは結果的にプロジェクトの状況把握および管理のみに終始してしまうため、付加価値を出すことができず、組織として縮小されることがある。

　しかしながら、PMOとしてマネジメントの解決につながるアクションをとることは十分可能である。まだ習慣として根付いていないだけであり、プロジェクト成功へ寄与するための方策は多く存在している。

[1]　参謀型PMOの果たすべき機能

　まず、参謀型PMOにどのような特徴的機能が存在しうるのか、について述べる。

コンサルティング機能

　プロジェクトマネジャーの右腕としての役割を担うPMOは、プロジェクトが遅延している、または失敗しかかっている場合、火消し部隊としての役割も期待される。しかもかゆいところに手が届くような役割が期待されるため、プロジェクト外部よりもプロジェクト内部に入り込み、直接手を下していく役割となる場合が多い。この場合、プロジェクトマネジャーと同等レベルの役割が求められるため、経験、スキル共に十分なものが必要となる。

　全社的PMOの人材がこの役割でプロジェクトに参画した場合、全

社的 PMO としての役割を同時に担うことが難しく、当該プロジェクト専属となり、全社的 PMO 組織が形骸化してしまうこともしばしばあるため、適切な距離を保つ必要がある。

意思決定支援機能

プロジェクトの状況を把握し、リスク、課題を分析した上で、それらに対する意思決定を促進する。これは全社的 PMO、PMO 双方に必要な役割であり、プロジェクトマネジャーが様々な調整に時間を費やすことの多い場合、大きな効果を発揮する。

駆け込み寺機能

PMO はプロアクティブに行動することを期待されている PMO であるが、駆け込み寺役の PMO は受動的に動くタイプの PMO となる。全社的 PMO の場合、プロジェクトマネジャーのメンター役となり、公式なコミュニケーションルートでは掴めないプロジェクトの情報を知ることもある。PMO の場合、各チームリーダーやプロジェクトマネジャーには言えない悩み相談役としての役割、またはプロジェクトマネジャーの相談役としての位置づけにもなり得る。

メンタリング機能

プロジェクトマネジャーは孤独である。メンタルを痛める場合も少なくない。様々な軋轢や障害に打ち勝つための心のケアが必要である。そのような場合、参謀型 PMO として、メンタリングを行うことも重要である。経験豊富なプロジェクトマネジャーからのアドバイスは何よりも救いになる。

臨機応変な対応

参謀型の役割を担っていく中で、PMO への期待は高まる。PMO は

プロジェクトマネジメントの生産性を高めることに寄与すると述べたが、お膳立てや調整役として機能するだけでは期待に応えられないケースもある。PMOとして参画するメンバーは過去に何かしらのプロジェクト経験があり、その専門知識や経験を生かすことがプロジェクトの成功に寄与することもある。その場合、クロスファンクションチームの組成や時限立法的な組織をプロジェクト内に作ることで、PMOと兼務するなどの対応が必要となる。

[2] 参謀型PMOの主なタスク

参謀型PMOのタスクとして主だったものには以下のようなものがある。

- リスクの検知と事前予防策実施
- マネジメントレポーティング
- 各種個別検討会議のファシリテーション
- 組織間の調整
- メンタリングやプロジェクトマネジャーの育成

メンタリングやプロジェクトマネジャーの育成は人事部門として対応することもあるため、全社的PMOに必要なタスクは、リスクマネジメントとステークホルダーマネジメントに集約されると言ってもよい。

[3] 参謀型PMOの成果

プロジェクトマネジメントの品質改善

プロジェクト管理プロセスが導入され、週次の進捗会議が実施されていたとしても、またリスク管理表、課題管理表が使用されていたとしてもプロジェクトマネジメント品質が高いとは言えない。また、ISOに

よるQMSチェックもあくまでプロセスチェックであり、プロセスが実行されているか否かという点のみの確認なので、管理内容の中身まで精査することは滅多に無い。しかしながら、管理情報の質が低い場合、プロジェクトマネジャーは状況把握もできず、問題を捉えることもできない。

　例えば、進捗会議を行っていたとしても、各チームがどのように何を報告しているのか、遅延の原因は何か、それへの対応が打たれ、次回の進捗会議では確認されているのかという点にも踏み込む必要がある。ただ漫然と書かれている進捗報告書を何気なく見て、報告を聞いても隠れている問題の源泉は見えない。参謀型PMOは、プロジェクトマネジメントの奥深くの問題を取り込み解決する役割を担い、プロジェクトマネジメントの品質改善を行う。

表2-1　進捗報告書のチェック例

No.	チェック内容	取り得るアクション
1	進捗の遅れ	遅延している問題点を確認し、それに対する対策が実現可能か確認する。プロジェクト内で解決できない問題の場合は、関係部門にエスカレーションする
2	現在進捗率が100%となっているにも関わらず、【遅れている作業に対する対策・見通し】に書き込みがある。その逆として、【遅れている作業に対する対策・見通し】が記入されていないにも関わらず、進捗が遅れている	報告者に確認し、どちらの記入内容が正しいかを把握する。整合性の合わない報告をしている報告者に対して、進捗取りまとめのプロセスに問題ないか、進捗確認会議を定期的に実施しているか、チーム内のコミュニケーションが円滑に行われているのかを確認する
3	先週の進捗報告資料と見比べて、全体進捗率が下がっている	WBSにタスクが追加されたかタスクの進捗率が戻された可能性があるため、報告者に確認する。タスクの進捗率が戻ることは進捗管理ルール上あってはいけないので、ルールの再確認を行う必要がある
4	先週の進捗報告資料と見比べて、全体進捗率が大幅に上がっている	WBSのタスクが削除された可能性があるため、報告者に確認する。削除されているなら、変更管理の承認に基づいて、削除されたことを確認する
5	先週の進捗報告資料と見比べて、全体概況が単にコピー＆ペーストされたものでないか	報告者に報告内容に間違いがないか確認する。また、こういった場合、報告者（リーダー）がオーバーワークな場合が考えられる。チームタスク・リソースを確認し、今後のWBSの実施が実現可能か検討する
6	全体概況の報告内容と、個別タスクでの報告内容に矛盾があるか	報告者（リーダー）とメンバーのコミュニケーションがうまくいっていない可能性がある。報告者に定期的な進捗会が実施されているか、コミュニケーションプロセスは正しいか、進捗情報収集プロセスに問題ないかを確認する

プロジェクトマネジャーの意思決定促進または改善

　プロジェクトマネジャーの選定は、企業の置かれる状況に左右されるため、必ずしもプロジェクトに適した人材が選ばれるわけではない。したがって、意思決定の仕方も人により様々である。

　プロジェクトマネジャーの意思決定方法は、その人の性格や経験、またポジションにより様々なタイプが存在する。自信満々のベテランタイプは、即決即断、ある意味独断的に判断しがちである。また、状況を細かく把握し、様々な調整を行った上で、ようやく決定する慎重派タイプもいれば、結局何も決めないタイプもいる。

　参謀型PMOに重要な役割は、プロジェクトマネジャーとの信頼関係を構築し、時には背中を押し、時には間違いを正すことである。プロジェクトマネジャーからの厚い信頼を勝ち得た状況において、参謀型PMOは本来の力を発揮する。

プロジェクトカルチャーの形成

　メンタリング機能にも通じるが、プロジェクトにおける組織カルチャーを形成する点においても参謀型PMOの成果を期待することができる。企業におけるトップとナンバーツーの関係と同じく、プロジェクトマネジャーと参謀型PMOの良好な関係はプロジェクト組織全体に影響を与える。

2.3　PMOの役割と機能②　管理実行型PMO

[1]　管理実行型PMOの機能における問題

　管理実行型PMOは、プロジェクト管理を徹底し、状況を可視化するためのPMO機能である。プロジェクト管理を徹底することは、プロジェクトの成功率を高める。しかしながら、多くのプロジェクトで管理が成功している例は少ない。なぜだろうか。管理実行型PMOの機能について論じる前に、プロジェクト管理が抱える問題について述べる。

　あるプロジェクトで起きた事例であるが、チームリーダーが進捗情報を適宜報告しなかったがために、PMOスタッフがチームリーダーの作業が落ち着く夜中10時ごろを見計らって各チームへヒアリングに行くことになった。そのプロジェクトはメンバーが100名を超え、チームは10チーム存在し、PMOスタッフは2名だけであった。進捗管理などの管理プロセスは以前から導入されており、ツールも使用されていた。しかしながら、プロジェクト全体の進捗が遅れ、報告主体となるチームリーダーが目の前の作業に追われることになり、管理工数を割けなくなったという理由からPMOが直接チームの進捗管理まで手を出すようになった。結果的に進捗状況は可視化でき、進捗管理そのものはうまく行えた。
　ここで、議論が二分する。

A．プロジェクトの状況に応じ、PMOは現場の管理を肩代わりすべきである
B．チームリーダーがチームのマネジメントを行う上で、主体的に進捗管理を担うべきである

Ａの場合、ある一局面では必要な対策かもしれない。しかしながらそれが恒常的になってしまう場合、管理を行わないチームリーダーは、マネジメントをよりよく実行していくことを拒否していると考えられる。管理をすればよいというわけではなく、管理をしなければ、マネジメントは良くならないという点をしっかり認識すべきである。

［2］ 管理情報の質

プロジェクト管理を徹底させ、現場が主体的に報告を行い、課題管理表や進捗管理表ができたとしても、そこに書かれている管理情報の質が不十分であれば、マネジメントとしてのアクションが取りづらい。多くの管理資料に埋もれながら現象を把握するだけで時間を取られることにもつながる。

管理情報の質を向上させる上で以下の３点について考慮すべきである。

- 情報の粒度：プロジェクト管理情報は現場から上層部であるマネジメント層へ伝わるに従って、抽象度が増し、粒度は荒くなる。上層部にとっては、詳細な情報を必要とせず、意思決定に必要な情報を必要とする。
- 背景および原因の記述・課題やリスクについてはその背景や原因についての記述が無ければ理解しにくい。
- 管理情報のつながり：プロジェクトの状況を把握する上で、複数の管理情報を必要とする。プロジェクト管理は主に進捗管理、課題管理、リスク管理を中心とし、その他に予算管理、リソース管理、変更管理など様々な管理手法をプロジェクトの状況に合わせ、統合させることが肝要である。

[3] 管理実行型 PMO の落とし穴

　管理実行型 PMO を立ち上げる場合、プロジェクト管理の効果と管理情報の質について、プロジェクトメンバーに理解してもらうことが第一である。単に管理テンプレートを用いて、管理プロセスを実行すればよいという訳ではない。単に決められた管理プロセスを現場に説明するだけでは、"管理屋"と呼ばれ、現場からは心理的な抵抗にあい、正しい情報が上がって来ない。

"管理屋"という集団が目的化する愚

　いわゆる"管理屋"に陥ることになる原因は、管理そのものが目的化してしまい、その管理を行うこと自体に意味を見出そうとすることにある。これは管理を実行する側の問題であり、管理手法そのものに問題があるわけではない。官僚主義的な組織は管理手続きを重視する傾向にある。内部統制や情報セキュリティを徹底しなければならない現在、管理のための手続き作業は年々増加している。しかしながら、管理を行った結果、何が成果となるのかを考え、実行しなくてはならない。プロジェクトマネジメントにおけるプロジェクト管理は、マネジメントの意思決定を促進し、プロジェクトを成功に導くためのものである。管理実行型 PMO は定められたプロジェクト管理ルールを徹底させることに重きを置くべきではない。プロジェクトの状況に応じ、管理の在り方を見直すべきである。

手段の目的化の功罪

　管理とはそもそも何のために行うのか？「管理＝マネジメント」という訳し方もあるが、「管理＝コントロール」ととらえ、マネジメントとは違うものであると考えて見るべきである。

　ピーター・ドラッカーが著書『マネジメント基本と原則』（ダイヤモンド社）で、管理のあるべき姿として、

1. 管理手段は純客観的でも純中立的でもありえない。
2. 管理手段は成果に焦点を合わせなければならない。
3. 管理手段は、測定可能な事象のみならず、測定不能な事象に対しても適用しなければならない。

と述べている。また、

「いかにコンピューター、オペレーションズ・リサーチ、シミュレーションなどの道具立てを用意しようとも、定性的な管理手段としての賞罰、価値とタブーに比較すれば、第二の地位に甘んじなければならない。」

とも述べている。

　管理が有効な手段である理由の大部分はコミュニケーションの効率化を図るためである。管理情報とは現場で起こった具体的な状況を抽象化した情報であり、そこから見えてくるものはすべてではない。しかしながら、マネジメントとして限られた時間・情報の中で意思決定を行わなければならず、管理の成果はマネジメントの意思決定にかかっている。

［4］　管理実行型 PMO の主なタスク

　管理実行型 PMO のタスクとして主だったものには以下のようなものがある。

- プロジェクト標準の策定・導入
- プロジェクト可視化のためのプロジェクト管理プロセス導入推進
- プロジェクト管理テンプレート策定・導入
- プロジェクト管理ツール導入定着
- 各種管理実行支援

プロジェクトの状況により、管理手法は様々である。また全社的PMOの場合、プロジェクトポートフォリオ管理やすべてのプロジェクトの状況報告のためのレポート作成など多くの管理実務を担うことになる。

2.4 PMOの役割と機能③ 事務局型PMO

プロジェクトは規模が大きくなればなるほど、雑多な作業が増加する。10人規模になると会議時間の調整やミーティングルームの予約、メンバーの入退出管理やセキュリティー管理、協力会社を使う場合には購買手続きや契約管理など様々な管理作業・庶務作業が発生する。プロジェクトマネジャーが行う場合もあるが、プロジェクトメンバーが10人を超えてくると事務庶務の派遣社員を雇うこともある。そのような役割がPMOや事務局として設置されてきた背景もあり、PMO自体が事務・庶務のみを行う組織として認識されている場合もある。

[1] 事務局型PMOの機能
プロジェクト管理上の基本情報整備
　先に述べたメンバー管理や、体制図、マスタスケジュールの最新版の更新はプロジェクト内で情報を共有するための基本情報整備に当たる。またプロジェクト専用のポータルサイトを開設し、情報共有を行うため、ポータルサイトのメンテナンスを行う場合もある。管理実行型PMOとの役割にもよるが、進捗会議へ向けた準備のための会議室予約、進捗報告書収集（必要に応じたプリントアウト）、各種管理表の最新版作成依頼など細々した作業は多岐に渡る。プロジェクト内の情報は常に変化するため、リアルタイムでの共有を促す役割が事務局型PMOへ期待される。

プロジェクトメンバーの作業環境整備
　プロジェクト立上げやフェーズの立上げ当初、また新規メンバー参画時に特に必要な作業となる。大きくはプロジェクトルームの確保、座席

の確保から始まり、PC の準備およびセットアップ、セキュリティーカードの発行、ベンダーの場合は秘密保持契約などの提出を依頼するなど、プロジェクトメンバーが作業に取り掛かるにあたって必要な支援を行う。一般的にはオリエンテーションという形で複数人に対し、一度に行うが、プロジェクトのリソース調達状況によっては、個別ばらばらに行うこともある。この作業環境準備を怠ると、せっかくメンバーが参画したにもかかわらず、作業をスタートすることができず、ラグタイムが発生してしまうことになる。リソース調達と同じく、先手を打って準備を怠らないように、プロジェクト状況に関する理解が必要となる。

自社のためだけに必要な管理業務

　自社会計システムへのプロジェクト会計情報の入力、発注・購買手続き、契約管理手続きなどは自社の管理業務として行う。プロジェクトからのニーズではなく、会社のルールとしてやらなければならない作業であるため、事務局型 PMO の多くはこちらの作業に追われることもしばしばで、基本情報整備や作業環境整備が後手後手に回ることもある。

［2］　事務局型 PMO の機能およびタスク例

　事務局型 PMO の機能は 3 つに集約される。

- 基本情報整備
- 作業環境整備
- 自社の管理業務

事務局型 PMO には、例えば以下のような作業がある。

　　（a）コピーや来客対応などの庶務作業
　　（b）メンバー管理（セキュリティ、入退出、実績管理など）

(c) PCなどの環境整備
(d) 体制図やマスタスケジュールなどのメンテナンス
(e) 成果物管理、予算管理

　一般的な事務庶務作業（aからc）以外に、プロジェクト管理に対する理解も必要な作業（dとe）も存在し、"事務局"とはいえ、プロジェクト管理に対する基本的な理解も求められる。

2.5　役割・機能と『型式』

　3つの役割・機能を理解した上で、『型式』の相違に関して考えてみたい。
　まず『型式』には対象とするプロジェクトが全社なのか、個別プロジェクトなのかによって大きく異なる。それぞれの役割や機能・タスクは重複するものもあるが、その立ち位置の違いがあるため組織設計の際に注意しなければならない。
　目に見えるところでの全社的PMOと個別プロジェクトにおけるPMOの根本的な違いは、"1つのプロジェクトに関与する時間の長さ"である。当たり前のように思われるかもしれないが、この事実を無視したことがしばしば行われる。例えば、全社的PMOとしてプロジェクトに関わっていた担当者が、特定のプロジェクトに常駐し始め、PMOとしての役割を担い始めることや、個別プロジェクトのPMOとして参画しているにも関わらず、進捗会議程度にしか参加しない場合もあり、プロジェクトの実態をつかみきれないことなどである。

立ち位置の難しさ
　このようなPMOとしての関わり方が難しい理由は、プロジェクトに対しどこまで責任を取るべきなのかが不明瞭であることが起因している。特にプロジェクトの成功に寄与する参謀型PMOの場合にその問題が顕著に起きる。立ち位置を明確にしたいがために管理実行型PMOや事務局型PMOにとどまる場合もある。

図2-2　PMOにおける情報と意思決定

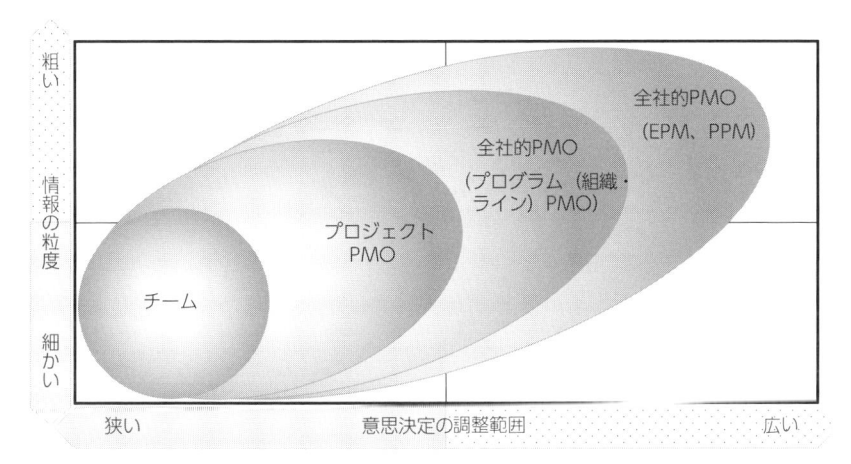

- 粗い
- 情報の粒度
- 細かい

- チーム
- プロジェクトPMO
- 全社的PMO（プログラム（組織・ライン）PMO）
- 全社的PMO（EPM、PPM）

狭い　　意思決定の調整範囲　　広い

2.6 全社的 PMO

　環境の変化に対応できる組織をいかに作り上げるか、これが今後の主流になるプロジェクト型組織に期待されていることである。しかしながら、従来の官僚組織機構になれ親しんでいる多くの企業はプロジェクト型組織への移行が難しく、ライン組織とプロジェクト組織の間に軋轢を生み出している。全社的 PMO はその軋轢を緩和すべき組織と捉えることができる。ここでは、全社的 PMO の組織形態に関する問題点を挙げ、組織形態と役割について述べたい。

[1] 全社的 PMO の組織形態に関する問題点

　IT バブル後の不況期でもあった2001年から2002年ごろにかけて、多くの SI 企業で全社のプロジェクトを管理する組織としての PMO が設置された。そのほとんどは赤字プロジェクト撲滅のために予算の権限を有した PMO であった。プロジェクトマネジャーの立場では、プロジェクトの味方というより、お目付け役的な存在となる。確かに予算をチェックする機能としては必要であるが、それならば財務部門で十分である。

　結果的に、多くの全社的 PMO はプロジェクト現場とのかい離が生まれ、全社的なプロジェクトマネジメント力向上にはつながらず、プロジェクト成功に寄与することはなかった。逆に、プロジェクトの情報が全社的 PMO へうまく上がらず、意思決定を阻害してしまうことにもなった。

　また、全社的 PMO 以外に事業部毎の PMO を設置し、個々のプロジェクトにも PMO を設置しているものの、全社的な施策を実行していく上での事務局的な動きしか担えていない。

双方に言えることは、プロジェクトマネジャーの助けになりにくく、プロジェクトの成功に直接寄与していないということである。

大企業になると数千万円規模のプロジェクトが100以上もあり、プロジェクトの収益性や進捗状況をチェックするためにPMOが導入されるケースが多くなっている。また、プロジェクト品質の向上のための成果物の品質チェックやベンダー評価を行っているケースも見られる。そのような動きの中で問題として上がっていることは、情報収集レベルと分析レベル、対象とするプロジェクトのバランスである。

[2] PPM（プロジェクトポートフォリオマネジメント）の課題

プロジェクト型組織に移行すればするほど、企業経営側からプロジェクトの状況が見えなくなる。そこで、プロジェクトの投資対効果を算出し、定期的にモニタリングする手法としてプロジェクトポートフォリオマネジメント（以下PPM）が考案され、ソフトウェア導入によって実現している企業もある。PPMでは、プロジェクトの成果を売上高や、コスト削減などの数値データとして算出し、それに対するプロジェクト予算、つまり投資額がどの程度効果を発揮するかについて知らしめてくれる。特にPPMツールを用いれば、グラフィカルな表現でプロジェクトの投資対効果が一目瞭然になり、経営の意思決定にも寄与していると考えられる。

なお、PMIではPPM（プロジェクトポートフォリオマネジメント）を以下のように定義している。

> 「ポートフォリオマネジメントとは、1つ以上のポートフォリオを一元化してマネジメントすることである。ポートフォリオマネジメントは、特定の戦略的ビジネス目標を達成するために、プロジェクト、プログラム、関連業務を特定し、優先順位付けし、認可し、マネジメントし、コントロールする。」（PMBOKガイド第4版）

PPMは特に油田開発や新薬開発など比較的多くの投資額が必要であり、中長期的な成果を生み出す部類のプロジェクトでは有効活用されている。

　一方、PPMに使用される数値データではプロジェクトの状況を正確に把握できないという問題も聞かれる。それどころか、そもそもPPMツールに入力されている情報が加工されており、プロジェクトの実態とかけ離れた内容になっているという場合もある。特にシステム開発のプロジェクトでは、そもそも投資対効果の測定手法が十分浸透されていないため、正確な投資対効果を測ることが難しい。

[3]　システム開発プロジェクトにおける投資対効果

　ここでシステム開発プロジェクトにおける投資対効果について考えてみたい。油田開発などのプロジェクトと比べ、プロジェクト規模や質（油田開発のためのシステム開発プロジェクトもある）は異なるものの、投資対効果を求められることもしばしばである。

　油田開発や新薬開発などのプロジェクトとシステム開発プロジェクトの何が異なるのであろうか。ここでプロジェクトの性質について考えてみたい。油田開発や新薬開発プロジェクトではそもそも投資した額を回収できるか否か、という点が着目されるべきである。また、システム開発プロジェクトは当初の予定通り、つまりQCD（Quality, Cost & Delivery）を達成したかどうかの判断が求められる。

　例えば、業務改革や組織改革プロジェクトに伴うシステム開発の場合はどうであろうか。業務を効率化させることでコストを削減する、また営業情報を共有化させることで、売上アップを狙うといったプロジェクトの成果は投資に対する効果と考えられる。しかしながら、新薬開発のように、"システムを開発したから売上が上がった"と効果に対する直接の因果関係はない。システムを導入したから効果が出たというのは、場合によっては"風が吹けば桶屋が儲かる"*の論理と同じである。システ

ム導入後、組織的な努力が行われることで、成果が上がることがほとんどであるのだが、その点を考慮した効果測定があってしかるべきである。

> *"風が吹けば桶屋が儲かる"とは、次のようなことを指す。
> 「1　大風で土ぼこりが立つ　2　土ぼこりが目に入って、盲人が増える　3　盲人は三味線を買う（当時、三味線は盲人が弾いた）　4　三味線に使う猫皮が必要になり、ネコが殺される　5　ネコが減ればネズミが増える　6　ネズミは桶を噛る　7　桶の需要が増え桶屋が儲かる
> 日本のことわざで、思わぬ所に思わぬ物事の影響が出ることの例えである。しかし現代では、その論証に用いられる例が突飛である故に、『あり得なくはない因果関係を無理矢理つなげて出来たトンデモ理論』も指すことも多い。」（ウィキペディア（Wikipedia）：フリー百科事典より引用）

業務改革にしてもシステム開発にしても当初の目的や要件を満たしているかという点に着目するためには、単純に投資対効果だけを追い求めても得ることはできない。特に経営の意思決定に必要な情報は、進捗状況、課題の対応状況、リスクの発生可能性、影響度の数値情報、予算の状況などでありそれらが複合的に成果につながっていると考えるべきである。

つまりシステム開発プロジェクトの投資対効果を見ていくためには、単に投資金額と効果金額により判断することは難しく、全社的PMOも個別プロジェクトに入り込んだ情報収集とそれらによる成否判断が望まれる。

[4]　意思決定支援役としての全社的PMO

特にCIOにとって必要な情報は、プロジェクトは予定通り進んでいるのか、進んでいないとすれば原因は何か、そのための対応策は何か、そして、CIOの決断すべき対応策は何かという情報である。ビジネス

環境が激変する中、プロジェクトに対する経営の意思決定はよりリアルタイムに、より的確に行わなくてはならない。問題が発覚したら、すぐに対策をとり、意思決定を行うための仕組みづくりが全社的PMOに求められる。

ピーター・ドラッカーは著書『マネジメント』（ダイヤモンド社）の中で、意思決定における日本企業の特徴を高く評価していた。意思決定を行うまでに周到な準備や調整を行い、決定を行うや否やすぐに行動を開始し、成果をあげるというマネジメントについて述べており、「効果的な意思決定とは、行動と成果に対するコミット」であるとしている。多くの会議、根回し、調整を経ないと意思決定を行うことのできない日本企業の組織の遅さを指摘する声も多いと考えられるが、半世紀以上前のドラッカーの評価は非常に高いものであった。プロジェクトの現場でも夜遅くまで会議を行い、ギリギリまで調整し、意思決定をすることも多く、当たり前のように行っているのを見ると、日本企業の組織文化として根付いているとも言える。

しかしながら、現代における情報革命のもたらした、コミュニケーション量の多さを踏まえると、連日の長時間会議や調整時間は意思決定のスピードをダウンさせ、弊害を生む。プロジェクトの現場では、プロジェクトマネジャーが様々な外部ステークホルダーとの調整を経ないと前に進めないため、朝から晩まで会議を行っている始末となる。結果的にプロジェクト内のマネジメントが手薄になり、プロジェクトが失敗してしまう。会議の効率化や情報の整理、プロジェクトマネジャーへの権限移譲など様々なことがなされるものの、企業組織の意思決定文化を変えることができないため、改善につながらない。

そのようなプロジェクトを支援するためにも、事業単位または全社単位で多くのプロジェクトを支援する全社的PMOは、プロジェクトの意思決定支援役として機能すべきである。

［5］ 全社的 PMO の『型式』設計方法

全社的 PMO としての組織は各社各様にデザインされているが、プロジェクトの複雑さに応じ、役割・機能を考えなくてはならない。実際、参謀型と管理実行型が混在した組織や、管理実行型と事務局型が混在した『型式』となる。例えば参謀型全社的 PMO は、経営企画部として組織化され、プロジェクト推進部、プロジェクトマネジメントセンターなどプロジェクトマネジメントの問題解決組織として設置されている。その中に、標準の導入定着や ISO の役割を含めている場合、管理実行型も混在している形となる。

それぞれの組織はプロジェクトの相互依存の大きさと個別プロジェクトの不確実性またはリスクの高さに応じ、どの『型式』にすべきか決定がなされる。プロジェクト相互依存の大きさとは、あるプロジェクトが他のプロジェクトに影響を及ぼす度合いのことを意味しているが、例え

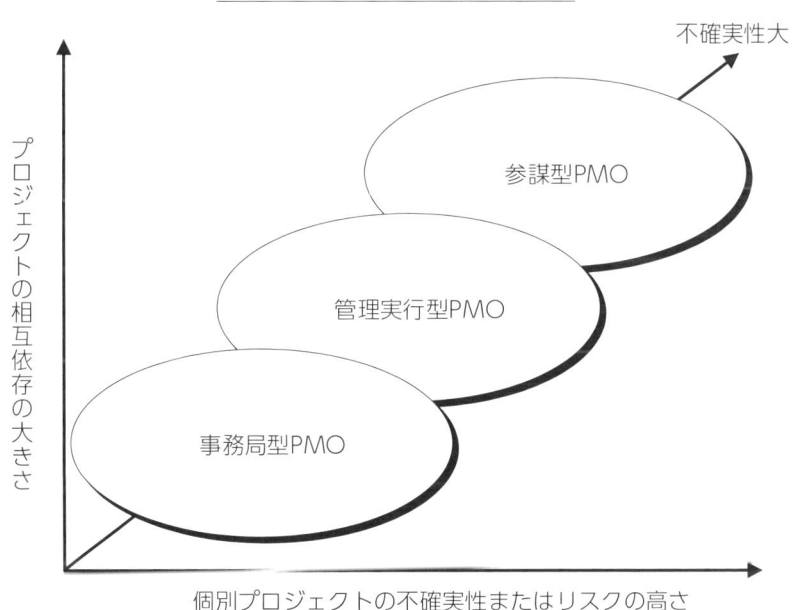

図2-3　PMO と相互依存と不確実性

ばM&Aによる企業統合プログラムの場合を例に挙げて考えてみる。企業統合プログラムの場合、組織統合プロジェクト、業務統合プロジェクト、システム統合プロジェクトに分かれ、組織の役割、『型式』が業務内容へ影響し、業務のあり方がシステム機能に影響するというように、それぞれのプロジェクトスコープが互いに影響し合う。また、組織変更のタイミングにより業務とシステムの稼働タイミングも決定されるためスケジュールも相互依存する。別の例で言うと、システム部門で抱える複数プロジェクトの場合、アプリケーション側の開発プロジェクトとインフラまたは基盤構築プロジェクトは相互の依存関係がある。このように相互の依存関係が強い場合、全社的PMOとしてはステークホルダー間の調整などの役割を担うことが多いため、参謀型PMOとしての役割を担うこととなる。

個別プロジェクトの不確実性またはリスクの大きさに関しても同様であり、参謀型PMOとして、リスク分析から対策立案まで手がける場合もあり、プロジェクトの成功に直接貢献しているといえる。また、システムの保守プロジェクトがほとんどとなっている場合、管理実行型や事務局型の傾向が強い。

図2-4　参謀型重視の場合

③レポート

経営層または事業部長など

全社的PMO

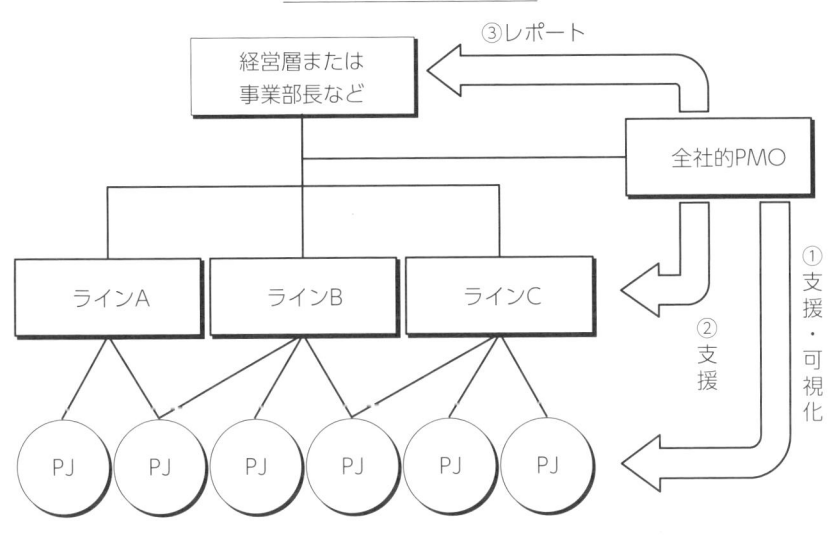

ラインA　ラインB　ラインC

PJ　PJ　PJ　PJ　PJ　PJ

②支援

①支援・可視化

図2-5　管理実行型、事務局型重視の場合

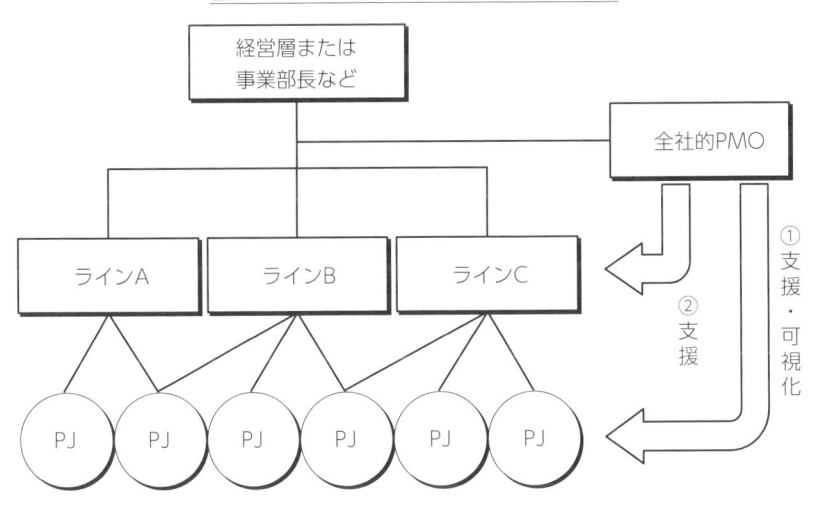

経営層または事業部長など

全社的PMO

ラインA　ラインB　ラインC

PJ　PJ　PJ　PJ　PJ　PJ

②支援

①支援・可視化

［6］　全社的 PMO の成果

　全社的 PMO の最も重要なタスクは、リスクマネジメントである。複数のプロジェクトにおける進捗状況把握や予算実績管理、エスカレーション課題の解決推進、横断的なリソース調整などプログラムマネジメント上、果たすべき機能はあるものの、個別プロジェクトで行うべき管理作業や事務作業を全社的 PMO が肩代わりするべきではない。そこにリソースを割いてしまったがために、重大リスクの把握や予防策の実行がおろそかになり、結果的にプロジェクトが失敗してしまうことになる。また、全社的 PMO は組織の性格上、"コストセンター"としての位置づけとなってしまうため、人員や予算も潤沢ではない。個別プロジェクト優先でリソース配分も行われるため、スキルを持った人材も不足しており、結果的に事務機能の域を出ない。

　多くの日本企業の場合、プロジェクトマネジメントはボトムアップ型のマネジメントであると言える。プロジェクト立上時に決められた予算、スケジュール、スコープは枠として捉えられ、プロジェクト側からの調整が行われ、現場主導で遂行されることが多い。その際、全社的 PMO として介入できる部分は限られており、実際、個別プロジェクトに対し、口出しできないというケースも少なくない。

図2-6 トップダウンアプローチとボトムアップアプローチ

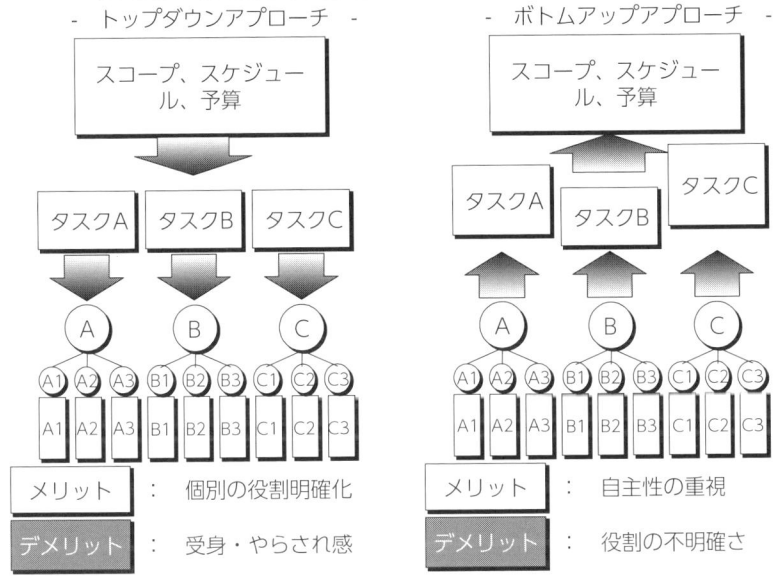

- トップダウンアプローチ -

スコープ、スケジュール、予算
↓
タスクA　タスクB　タスクC
↓
A　B　C
A1 A2 A3　B1 B2 B3　C1 C2 C3
A1 A2 A3　B1 B2 B3　C1 C2 C3

メリット　：　個別の役割明確化
デメリット　：　受身・やらされ感

- ボトムアップアプローチ -

スコープ、スケジュール、予算
↑
タスクA　タスクB　タスクC
↑
A　B　C
A1 A2 A3　B1 B2 B3　C1 C2 C3
A1 A2 A3　B1 B2 B3　C1 C2 C3

メリット　：　自主性の重視
デメリット　：　役割の不明確さ

　現場のコミットメントをうまく生かしていくためにも全社的PMOの立場から余計なことは言わない方がよいという雰囲気もあり、結局責任を取るのはプロジェクト側であるということから考えても全社的PMOの役割や責任範囲が見えにくくなるということにつながる。

　しかしながら、現時点または過去におけるプロジェクトの状況報告は個別プロジェクトに任せてもよいのであるが、将来におけるリスクについては、個別プロジェクトの状況だけではなく、全体を鑑みて意思決定へ向けた調整を担う全社的PMOも主体的にかかわる必要がある。プロジェクトリスクを回避するための経営的な支援を行うことが最も全社的PMOに求められることであり、最も成果を上げることのできる領域となる。

2.7　個別プロジェクトにおける PMO

　プロジェクト毎に設置する PMO は、「プロジェクト管理チーム」や「事務局」といった呼び方で設置する場合もあり、プロジェクトによって役割・機能も異なるため、一様ではない。しかしながら、その役割・機能を明確にしておかなければ、PMO をうまく生かすことができない。

［1］　PMO 組織に関する問題点
　通常、プロジェクトがスタートした時点では PMO を専任部隊として設置することは稀で、プロジェクトメンバーが増え、プロジェクト管理工数や事務工数が増えてきたタイミングで、専任者を置く。ここで大きく 2 つの問題に直面する。

　まず、プロジェクトマネジャーとの役割分担の不明瞭さが生じてくる点である。当初はプロジェクトマネジャーが一人でやっていたタスクを PMO が担っていくが、プロジェクトマネジャーは予算管理やリソース管理、スケジュール管理といった内部向けの作業だけではなく、プロジェクト外部に対する説明も行い、プロジェクトのアウトプットに対する品質チェックも行う。PMO に何を分担していけばよいのか、わからないまま、単に目の前の仕事に追われるばかりとなり、組織内調整などを期待したとしても、PMO 側では事務庶務的な仕事に追われ、プロジェクトマネジャーの役に立っていないように見られる。

　逆に役割を明確にした場合、次のような課題に直面する。人数が増えてきた場合、PMO は一般的なプロジェクト管理の導入を行うが、一旦導入が定着化すると、PMO に必要な管理工数は減ってくる。管理が効率的に行われているということなので喜ばしいことであるが、「仕事の量は、完成のために与えられた時間をすべて満たすまで膨張する」（パー

キンソンの法則 第一法則）と言われるように、PMOを常設するとその分の時間を管理業務に費やしてしまう。結果的に、不要な管理業務が増え、プロジェクトの負担になってしまう。

　PMOを設置したものの、うまく活用できず、行き当たりばったりの対応になってしまうことが多く見受けられる。したがって、1つのプロジェクトにおいてもそのフェーズ毎に役割を見直し、それらに応じたPMO組織を構築する必要がある。

[2]　『型式』のパターン

　個別プロジェクトの『型式』は全社的PMOのそれよりも複雑である。PMOはその属する組織により役割や形態は様々であるが、プロジェクトの目的や各フェーズの状況に応じて可変的である。しかしながら、ある一定のパターンは見られる。参謀型、管理実行型、事務局型の相互の組み合わせにより示すことができる。

プロジェクトてこ入れのための参謀型PMO

　プロジェクトの進捗が大幅に遅れている、品質に重大な欠陥がある、いわゆる火吹きプロジェクトの場合、このパターンの『型式』となる。有識者やベテランのプロジェクトマネジャーがPMOメンバーとなることや、企業の役員レベルが直接介入することで、プロジェクトの立て直しを行う。管理実行型の色が無いということは、プロジェクトの可視化が行われていないということであり、ヒアリングをベースとした情報収集が行われる。外部コンサルタントを投入し、訴訟対策を行うケースもある。このようなPMOが必要な状況はプロジェクトに問題があると考えるべきである。

通常のPMO組織

　管理が実行されており、そこで可視化された内容を元にPMOが意

思決定支援をしているという最もポピュラーなPMOの形態である。その中でも、プロジェクト管理の導入や管理支援を重視したタイプや管理そのものはPMOの手を離れ、各チームリーダーが実行主体となりPMOはその事務支援を行うタイプもある。また、参謀型、管理実行型、事務局型すべてが機能しているタイプは大規模プロジェクトで見られる形態である。その場合、プロジェクト専任メンバー100名に対し、5－8名の常駐PMOを設置する。

アドバイザリーPMO
　管理実行型が主体となっているが、参謀型も混じっているパターンである。参謀型PMOの役割は、プロジェクトの状況をパートタイムで診断する、プロジェクトマネジャーに対するアドバイスを定期的に行う等になる。プロジェクトの課題やリスクが比較的少なく、スコープ変更もほとんど起きないプロジェクトに見られる形である。

可視化主体のPMO
　管理実行型がメインのパターン。プロジェクトマネジャーが複数いるようなトップヘビーのプロジェクト組織で見られる。この場合、PMOは意思決定支援や内部調整にはあまり携わらず、プロジェクトの見える化を推進する役割に限定することで、プロジェクトマネジャーとの役割を明確化でき、PMOを有効活用できる。大規模プロジェクトの場合、事務庶務的な仕事をPMOで受けるパターンとなる。

事務局型PMO
　事務局型が主導となるケースは事務局型PMOのみとなる。SI会社といった完全なプロジェクト型組織の場合、それぞれの組織階層ごとに設置し、間接部門としての機能を果たす。

このように、いくつかの組み合わせでPMO『型式』を検討し、プロジェクトの状況に応じた組織設計が必要となる。

［3］ PMOの成果
先手を打つ

PMOは、まずプロジェクトを可視化し、正確な進捗状況、課題の抽出などが重要なタスクとなるが、それらを踏まえた作業の実行はプロジェクトメンバーがすべきことであり、PMOはそれ以上深入りしない。また、プロジェクトマネジャーやチームリーダーは、とかく目の前の課題やタスクに追われる傾向にあるが、PMOは先々のことを計画し、準備する必要がある。

一歩引くことにより見えてくるもの

プロジェクトを成功させたいという気持ちはプロジェクトにかかわるものなら誰でも感じるものであり、進捗の遅れ、スコープの変更などにより徹夜や土日を使ってでも対応しなくてはならない状況もある。プロジェクトを成功に導く組織マインドとしては大変重要であるが、下手をすると見方が狭くなり、肝心なところに気づかないこともしばしばである。このような状況に陥らないよう、PMOはプロジェクトとは一歩離れた立ち位置でプロジェクトを見、考える必要がある。

遊軍になる

PMOが忙しく、徹夜をしなければならないプロジェクトはほとんどの場合、多くの問題を抱えている。PMOはプロジェクトマネジメントの品質に責任を持つべきであり、各チームの仕事が遅れている場合、早く終えるための手を打つべきである。日本的な情緒に則り、遅くまで付き合う必要はないが、いざというときに備え、力を発揮すべきである。そのために、遊軍として常に構えておく必要がある。

2.8 PMOの進化系

　PMOの役割・機能・型式は実に幅広い。これはプロジェクトの形態に依存している。プロジェクトの形態は大きく3つに分けられる。

　　1　目標達成タイプ
　　2　調整タイプ
　　3　価値創造タイプ

　目標達成タイプはNHKのテレビ番組で有名なプロジェクトXで見られるプロジェクトである。上杉鷹山の"為せば成る為さねば成らぬ何事も成らぬは人の為さぬなりけり"*という言葉が似合う。建築、造船などの巨大建造物、鉄道などのインフラ関連はこのタイプといえる。目標が明確であり、達成するまで困難な道のりであるものの、一度走り始めたら突き進む。

> *意味は次のとおりである。「人が何かを為し遂げようという意思を持って行動すれば、何事も達成に向かうのである。ただ待っていて、何も行動を起こさなければ良い結果には結びつかない。結果が得られないのは、人が為し遂げる意思を持って行動しないからだ。」

　調整タイプは多くのシステム開発プロジェクトがそうであるように、ステークホルダーがたくさん存在し、方針レベルは明確であるが具体的な要件は可変的である。ビジネスの環境に合わせて柔軟な対応が求められる。本書で扱っているPMOが最も適したタイプのプロジェクトである。

価値創造タイプのプロジェクトは、目標達成タイプが"意思あるところに道はある"に対し、道そのものが示されず、意思だけでは見えてこないタイプのプロジェクトである。新規事業立上や新商品の開発は、まず何を行うかを決めなくてはならない。試行錯誤の連続の中、結果が伴わないかもしれない。投資した時間やお金が回収できない可能性もある。プロジェクトポートフォリオマネジメントはこのようなタイプのプロジェクトに適している。

　PMOの進化系として、捉えるべきは価値創造タイプのプロジェクトにおけるPMOである。価値創造タイプのプロジェクトに適したPMOについてはまた別の機会で述べてみたいと考えている。

第3章 PMOの人材とスキル
―PMOに適した人材と必要なスキルを考える

- プロジェクトマネジメントコンサルタント
- プロジェクトコントローラー
- プロジェクトアドミニストレーター

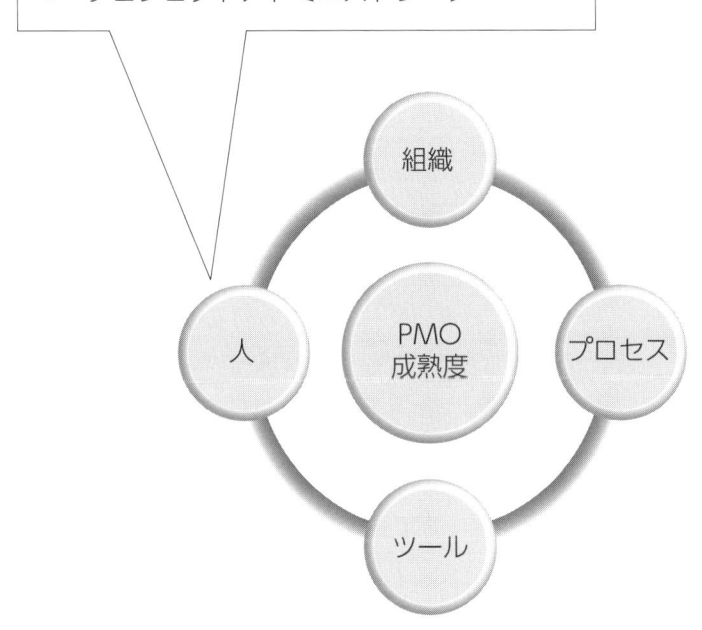

- 組織
- プロセス
- ツール
- 人
- PMO成熟度

3.1　PMO 人材のスキル

[1]　PMO 人材の分類

　PMO の『型式』には様々な形が存在し、それに伴い求められる人材のスキルも同様に様々である。そのため、適材適所のリソース配置が行えず、PMO を殺してしまう。例えば、管理経験豊富な人材を参謀型 PMO として参画させる、リーダーシップのある腕力型の人材を管理実行型 PMO として参画させるなどパフォーマンスが発揮できない状況を生み出してしまうことがある。

　適材適所のリソース配置を行うためには PMO の『型式』をパターン化したように、PMO の人材についてもパターン化する必要がある。パターンとパターンの組み合わせは容易である。

　PMO 人材を分類すると次の 3 つに分かれる。

- プロジェクトマネジメントコンサルタント
  プロジェクトマネジャーと同じ視点でプロジェクトの状況を把握し、問題の分析および対応のできる人材

- プロジェクトコントローラー
  プロジェクト管理を熟知し、プロジェクト毎に必要な管理の勘所をわきまえながら、プロジェクトの可視化を進める人材

- プロジェクトアドミニストレーター
  プロジェクトの事務庶務的な作業を一手に引き受ける人材

[2] PMOスキルマップ

　PMO人材の分類別にスキルを明確化する必要がある。PMOの役割・機能が幅広いことと同じく、PMO人材に求められるスキルの幅も広い。PMO人材の分類別、PMBOKの9つの知識エリア別にスキルを分類し、具体的に何をどこまで行うのかについて定義を行う必要がある。可能であれば、PMO人材の分類のレベル分けも行い、プロジェクトマネジメントコンサルタントであれば3段階、プロジェクトコントローラーであれば5段階、プロジェクトアドミニストレーターであれば3段階程度のレベルに分けたうえでスキルマップを作成したい。

表3-1　PMO スキルマップの例

スキル		プロジェクトマネジメントコンサルタント	プロジェクトコントローラー	プロジェクトアドミニストレーター
計画策定	タスク定義書・一覧・フロー作成	ゼロベースで作成し、プロジェクト内で調整することができる	サンプルを活用しながら作成することができる	上司の明確な指示のもと、一部作成支援ができる
	成果物一覧・体系図作成	ゼロベースで作成し、プロジェクト内で調整することができる	サンプルを活用しながら作成することができる	上司の明確な指示のもと、一部作成支援ができる
	役割分担表の作成	ゼロベースで作成し、プロジェクト内で調整することができる	サンプルを活用しながら作成することができる	上司の明確な指示のもと、一部作成支援ができる
	WBS の作成	ゼロベースで作成し、プロジェクト内で調整することができる	サンプルを活用しながら作成することができる	上司の明確な指示のもと、一部作成支援ができる
進捗管理プロセス策定	進捗管理方法の策定と導入	ゼロベースで作成でき、かつ作業指示を的確にできる	ゼロベースで作成し、プロジェクトメンバーへの定着化までできる	サンプルを活用しながら作成できる
進捗報告書作成	進捗集計	進捗の予実比較ができる。その結果の問題整理をし、解決アクションができる	進捗報告を催促し、遅れているチームの是正、定型チェックポイント及び独自チェックポイントの策定ができる	進捗報告を催促し、遅れているチームの是正、定型チェックポイントの策定ができる
	進捗レポート作成(進捗率、遅延原因、対策など)	定型レポートの作業指示を行い、マネジメント層へのアドバイスができる	マネジメントの意思決定に寄与するレポートを作成できる	定型的なレポートを作成できる
進捗会議	コーディネート	議事進行を行いながら議事録を作成、指摘等ができる	必要なメンバーの判断、資料の準備ができる	必要なメンバーの判断ができる
	議事録作成	議事進行を行いながら議事録を作成、指摘等ができる	議事録の作成（会議終了後24時間以内の提出）	録音した議事内容を、要約録形式の議事録に起こすことができる
進捗の把握/対策	対策立案(PM意思決定支援)	リカバリプランの策定と実施	リカバリプラン検討会の実施	
	遅延による後続作業への影響度調査	リカバリプランの策定と実施	遅延状況のヒアリング	

3.2 プロジェクトマネジメントコンサルタント

[1] プロジェクトマネジメントコンサルタントの役割

　プロジェクトマネジメントコンサルタント（以下PMC）の役割範囲は広い。プロジェクトマネジャーと同じ視点でプロジェクトを見る必要があるが、プロジェクトマネジャーの権限（人事権限、予算権限など）は持たない。後に述べることになるプロジェクトコントローラーやプロジェクトアドミニストレーターで明確となる役割以外すべてを指す。つまり、プロジェクトコントローラー、プロジェクトアドミニストレーターが担うことのできない役割すべてを指す。

　PMCという呼び名以外に、PM補佐やサブPMなど様々な呼称はあるものの、役割は同様である。

　PMCの役割が必要になった背景は、複雑・高度化したプロジェクトをマネジメントするうえで、プロジェクトマネジャーだけではまかない切れなくなったことである。しかしながら、単にプロジェクトマネジャーと同等の役割を持つ人間がいればよいというわけではない。そこには明確な役割分担が必要であり、それがなければマネジメントが機能しない。例えば、複数事業部をまたがるプロジェクトでそれぞれの事業部からプロジェクトマネジャーと同格の人材が参画したとしよう。プロジェクトマネジャー以外の役割を、PM補佐、PM支援、プロジェクトリーダーなどという呼称をつけたとしても、"船頭多くして、船、山に登る"となってしまい、プロジェクト失敗の要因となる。調整役として複数のマネジメント人材が必要であっても、機動的な意思決定の必要なプロジェクトに複数のプロジェクトマネジャーは必要ない。

　PMCとはプロジェクトマネジャーの黒子に徹する必要がある。プロジェクトマネジャーとPMCの役割は企業経営者と経営コンサルタント

のような関係が理想的である。経営コンサルタントがそうであるように、PMCも自身の利害や自分の属する組織の利害を超えなければならない。バイアスがかかってはならない。

　以下いくつかの例を見ながら、具体的なPMCの役割を見ていく。

全社的PMOにおけるメンター的なPMC

　全社的PMOや事業部内PMOの場合、多くの企業が経験豊富なベテランプロジェクトマネジャーを社内PMOとしてスタッフィングし、各プロジェクトの状況把握やアドバイスを行っている。経験の浅いプロジェクトマネジャーや社内根回しのネットワークが少ないプロジェクトマネジャーにとって、社内調整役としても一役買ってもらえる。またライン組織に精通したベテランがプロジェクト組織との橋渡し役をするという点でもPMOとしての機能を果たしている。

　プロジェクト支援組織として第一線を退いたベテランのプロジェクトマネジャーがこの役割を担うことが多く、プロジェクトマネジャーの精神安定剤としても機能している。一見、無駄な存在と思われてしまう役割であるが、ライン組織と衝突することも多いプロジェクト組織にはこのような調整役が欠かせない。縦割り組織の弊害がこのような調整役の不在を生むことになったと考えられる。

　1980年代、ピーター・ドラッカーは日本企業の研究において、以下のような分析を行っている。

　「日本では競争よりも協調を重視する。また指導者は周囲の意見に耳を傾け、まわりを納得させなければならない。年齢的にトップマネジメントにつく様な人で、もはやそうできないことを知っており、派閥や社内攻略を演じたりしない、またミドルマネジメント上層の間で最も尊敬されている人々は『教父』と呼ばれ、社内の若い人々の面倒をみる。通常は大学が同じ。西側にとっては、古参の相談相手の役割を

演ずるものがおらず、真の人間的な接触が欠如しており、離職率が高くなっている。日本は硬直した制度の非人格的形式性のために、ずっと昔から、こうしたしくみを提供しなければならなかった。(『ハーバード・ビジネスの日本診断』P.F. ドラッカー、E.F. ボーゲル他、ダイヤモンド社、1983年)

"真の人間的な接触"はプロジェクトを遂行する中で最も欠けやすいものである。制約条件の多い中、業務遂行に専念するあまり、よい人間関係を構築することを忘れてしまう。そのような中、プロジェクトマネジャーは孤独になりやすく、精神的な病を患ってしまうことも少なくない。そのようなプロジェクトマネジャーに対する精神安定剤的な役割は近年注目されている。

プロジェクトマネジャーの補佐としてのPMC

プロジェクトがトラブルを起こしたとき、またはリスクが大きいと判断せざるを得ないとき、プロジェクト内PMOでのPM補佐的な立ち位置が効果的である。人事権、予算権限以外のものはすべてプロジェクトマネジャーと同じものが求められる立ち位置である。社外からの人材をこの立場で参画させた場合、ライン組織の利害に左右されず、客観的にプロジェクトを見ることができる。特に社内政治に巻き込まれないようにするためには、外部のPMO支援が効果的である。

診断役としてのPMC

プロジェクトへの常駐ではなく、パートタイムで参画する場合、プロジェクトの状況を診断するということが行われる。全社的PMOの場合、品質管理やプロジェクト監査室という組織名称で呼ばれることもある。また、外部のコンサルタントが診断をする場合もある。ここで、プロジェクト診断のポイントは、プロセス、組織、人の3つとなる。

- プロジェクトマネジメントプロセス診断
- プロジェクト組織診断
- プロジェクトマネジメントスキル診断

[2] 必要なマインド

　ライン組織に属している人がPMOリードという立ち位置に立ったときに、ラインでの評価や政治力学を重視したり、プロジェクトの成否に自身の仕事やキャリアが左右されないためにモチベーションが低かったりすると、PMとの良好な関係を築くこともできず、プロジェクト内での信頼関係も生まれない。このような状況を回避するために、PMCは「プロジェクトを必ず成功させる」という強いマインドを持たなければならない。時に社外の人材を起用し、強いマインドを補完することも必要である。

3.3　プロジェクトコントローラー

プロジェクトコントローラー（以下 PJC）とは、プロジェクト管理プロセスの導入定着から管理支援全般まで担う役割のことである。管理プロセスは PMBOK の知識エリア全般に関わるが、主に以下のようなプロセスとなる。

- 進捗管理
- 課題管理
- リスク管理
- 変更管理
- 構成管理
- インシデント管理
- 障害管理（システム開発プロジェクトの場合）
- 予算管理
- リソース管理

［1］　プロジェクト管理の実際

プロジェクトコントローラーの役割は、一言で言うとプロジェクトを可視化することにある。可視化するためには、プロジェクト管理プロセスを導入し、管理帳票などを用いて現場から状況報告をしさえすればよいのであるが、次のような課題にぶつかる。

- チームリーダーの管理スキルが低い
- 悪い情報を上げたくない
- 管理を嫌う

とかく現場では管理されることを嫌がる傾向にある。日本企業に限ったことではない。そのような状況の中で、管理を無理やりに徹底させようとすると、PMOの管理屋としての側面が顕著になり、本来の役割を見失ってしまう。管理とは、状況を誰が見ても分かるようにし、問題の源泉を捉え、改善していくためにある。プロジェクト管理を行うことだけに集中してしまうと、手段の目的化となってしまい、成果が失われる。しかしながら、不必要と思われる管理情報まで提出を求めたり、現場からエスカレーションされた課題に対して何にも動きが無い場合、PMOに対する存在価値を感じなくなり、機能しなくなる。

［2］ "成果を出す管理"を知る人材

プロジェクト管理導入定着における問題点を考えれば、自ずとPJCに求められる人材像も見えてくる。特にその立ち位置は、成果が見えにくく、達成感を味わいにくい仕事である。その上、あまり好まれない作業をプロジェクトメンバーに依頼する必要があるため、気持ちの良い役割ではない。そのようなポジションだからこそ、人材の適性がとても重要となる。

PJCが持ち合わせるべき点は次の3つである。

- プロジェクト成功のために必要なことを考えている
- 管理は手段と割り切っており、管理情報だけではすべて見えないと知っている
- 現場に対する理解がある

縁の下の力持ちのような存在であり、何でも言いやすい存在になる必要がある。この点は、PMCと異なる部分になる。PMCは、場合によっては煙たがられる存在であり、耳に痛いことを言う立場にもなるため、プロジェクト現場からは一定距離を置く必要がある。

3.4　プロジェクトアドミニストレーター

[1]　プロジェクトアドミニストレーターの役割

　プロジェクトアドミニストレーター（以下PJA）とはプロジェクトの事務庶務的な仕事を一手に引き受ける役割のことである。スキルレベルによって行う作業は異なるが、コピー取りやバインディング、会議室予約やメンバー管理などの単純作業だけでなく、マスタスケジュールや体制図等の更新、進捗会議など比較的簡単な議事録作成から、グローバルプロジェクトにおけるテレホンカンファレンスの議事録作成まで幅広い役割を担う。

[2]　プロジェクトアドミニストレーターの必要性

　下記のような問題は優先度が低く、対応が遅れる。

- プロジェクトメンバーが新しく参画したが、プロジェクトの情報がどこにあるか分からない。
- セキュリティーカードの誰がどれを持っているのか把握できていない
- マスタスケジュールが古いまま
- プロジェクトマネジャーがコピー機の前で1時間以上格闘している
- 机の上がぐちゃぐちゃ

　このような状態を放置していると個々の生産性が落ちてしまう。ルーチンワークであり、決まった時間に決まったことをやる職場であれば、事務・庶務作業をあえて分けずに、効率的に仕事を行うことができる。しかしながら、ナレッジワーカーの多いプロジェクトの現場では、取り

扱う情報量が多く、整理が追いつかない。これらを放置しておくと、組織的な情報処理が遅れ、生産性を低下させてしまう。このような雑多な処理を担うのがPJAの立場である。

［3］　一般的な事務との違い

　いわゆる事務や庶務作業は日々のルーチンワークをこなすことが多く、処理作業に追われる。一方、プロジェクトの現場では、日々柔軟な対応が求められる。その日にやるべき仕事があらかじめ決まっていない場合も多く、プロジェクトマネジャーからも、他のPMOメンバーからも雑多な仕事が要求される。また、プロジェクトについての一般的な知識が不足していると、作業の先読みができず、生産性を落としてしまう。このような理由から、PJAとしての専門スキルを磨く必要が生じる。

　マイクロソフトの資格や日商簿記1級を持っていてもプロジェクトの現場ではそれそのものが生かされないケースもあり、"細々したことをテキパキやってくれる人"が最も重宝される。また、プロジェクトの現場では人の出入りも多く、人に対する気遣いのできる人材でなければ務まらない。

3.5 リスクマネジメントスキル

　PMOにとって最も重要なスキルはリスクマネジメントであると言える。ここでは、PMOとして学ぶべきリスクマネジメントの概要について述べる。

［1］"見えないものに挑む"リスクマネジメント
　『プロジェクトマネジメント・プロフェッショナル』（峯本展夫、生産性出版）によると、リスクマネジメントは次のように定義される。

　　「プロジェクト・リスク・マネジメントとは、極意として表現すると「見えないものに挑む」マネジメントということである。「コミュニケーション」もそれ自体をとらえることは難しいが、ここで扱う「リスク」も人間が捉えることは難しい。なぜなら「リスク」というのは未来の可能性のことであるからだ。リスクマネジメントは、この可能性のことを扱うという理解が重要である。よく経験のあるプロジェクトマネージャーほど、この可能性の問題を認めたがらない傾向がある。リスクマネジメントは、リスクが発生して初めて成り立つ領域であると考えているプロジェクトマネジメントの専門家さえいる。このような人たちに共通するのは「見えないものに挑む」ことができないということである。繰り返すが、リスクマネジメントは、「可能性」を扱うものであり、本質的にはリスクが発生する前に手を打つためのものである。これをプロアクティブ（先を見越した行動をとる）・アプローチという。ちなみに、発生した後は、問題管理（Problem Management）、課題管理（Issue Management）、変更管理（Change Management）などで扱う。問題解決手法・アプローチが重要になる。」

目に見える進捗を追う進捗管理や、進捗遅延要因を明確化するための課題管理、プログラムのバグ発生状況および対応を管理する障害管理などは、現在や過去の事象を取り扱う。また、課題を解決すればプロジェクトの進捗が改善されるなどの、目に見える効果もあり、実行する意義も感じられる。

　一方、リスクというのは目に見えないものであり、起こるかもしれないという非常に不確実な事象を扱う。マイナスに影響するリスクについては、起こらないための予防策を取ることで、実際にリスクが発生しないことを目指すため、うまく予防できたとしても効果を実感することができず、あまり重要視されなくなってしまう傾向にある。

図3-1　課題管理とリスク管理

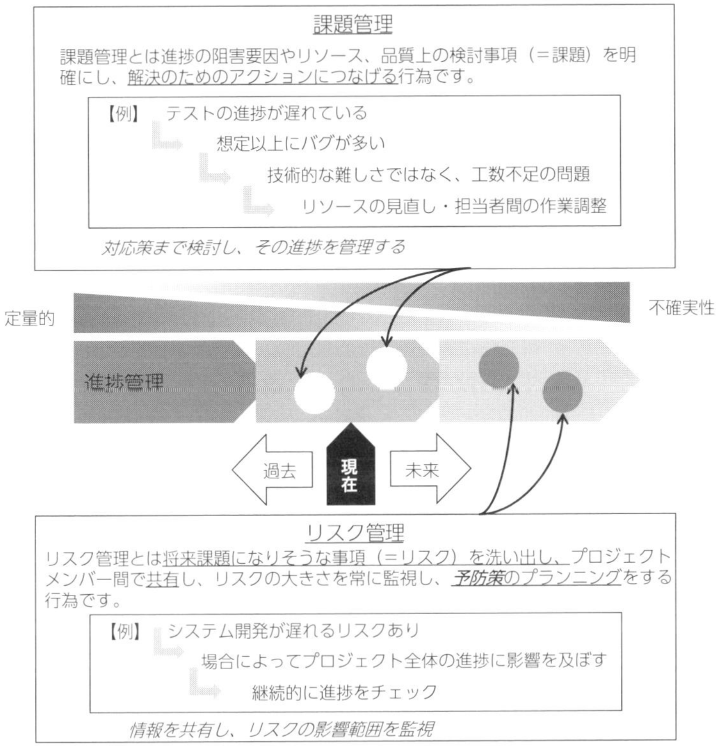

課題管理

課題管理とは進捗の阻害要因やリソース、品質上の検討事項（＝課題）を明確にし、<u>解決のためのアクション</u>につなげる行為です。

【例】
- テストの進捗が遅れている
  - 想定以上にバグが多い
    - 技術的な難しさではなく、工数不足の問題
      - リソースの見直し・担当者間の作業調整

対応策まで検討し、その進捗を管理する

定量的　　　　　　　　　　　　　　　　　　　　　　不確実性

進捗管理

←過去　**現在**　未来→

リスク管理

リスク管理とは<u>将来課題になりそうな事項（＝リスク）</u>を洗い出し、プロジェクトメンバー間で<u>共有</u>し、リスクの大きさを常に監視し、***予防策のプランニング***をする行為です。

【例】
- システム開発が遅れるリスクあり
  - 場合によってプロジェクト全体の進捗に影響を及ぼす
    - 継続的に進捗をチェック

情報を共有し、リスクの影響範囲を監視

［2］ リスク感度

リスクは分かっていたとしても、対策を講じずに失敗してしまう組織心理がある。リスクを抽出したとしても、リスクに対する感度が異なれば組織的な対応が行いにくい。

例えば、大地震が起きるリスクを考えてみよう。楽観的なタイプは、出たとこ勝負で、地震になったら何とかすると考える。何が起きても安心なように十分準備するタイプは、ある意味心配症と言える。また、地震が起きた時に一番困るのは食料だから、食料だけ準備しようと考えるタイプは、必要最低限の備えをする堅実タイプとなる。このように同じリスクに対しても感じ方が異なるため、対策も異なってしまう。

プロジェクトにおけるリスクの場合、リスクへの予防策に対して関係者の理解が十分でないと、予防策が実行されず、プロジェクトの失敗につながる。そのため、リスクにする"感度"を合わせることが最も重要なポイントとなる。感度を合わせることで、必要な予防策も形骸化せず、マイナスリスクの発現が最小化される。

図3-2 リスク感度

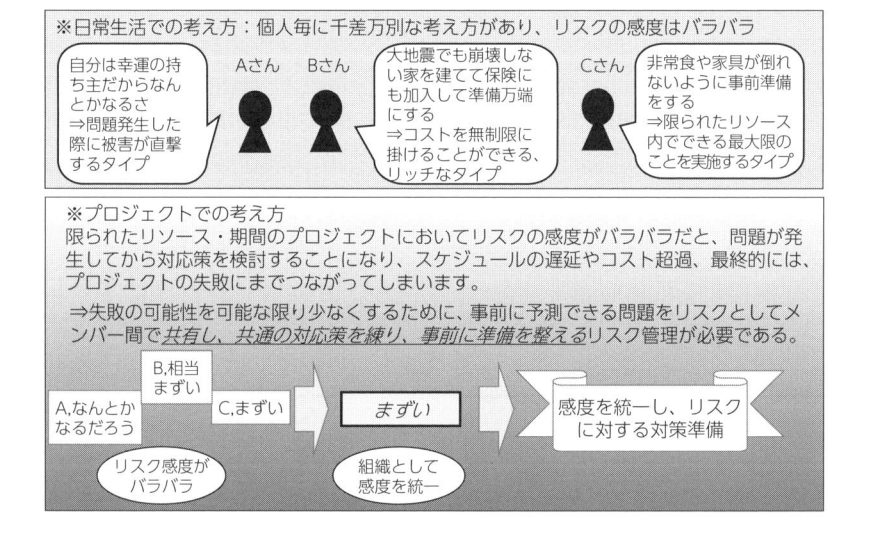

※日常生活での考え方：個人毎に千差万別な考え方があり、リスクの感度はバラバラ

Aさん：自分は幸運の持ち主だからなんとかなるさ ⇒問題発生した際に被害が直撃するタイプ

Bさん：大地震でも崩壊しない家を建てて保険にも加入して準備万端にする ⇒コストを無制限に掛けることができる、リッチなタイプ

Cさん：非常食や家具が倒れないように事前準備をする ⇒限られたリソース内でできる最大限のことを実施するタイプ

※プロジェクトでの考え方
限られたリソース・期間のプロジェクトにおいてリスクの感度がバラバラだと、問題が発生してから対応策を検討することになり、スケジュールの遅延やコスト超過、最終的には、プロジェクトの失敗にまでつながってしまいます。
⇒失敗の可能性を可能な限り少なくするために、事前に予測できる問題をリスクとしてメンバー間で<u>共有し、共通の対応策を練り、事前に準備を整える</u>リスク管理が必要である。

A.なんとかなるだろう／B.相当まずい／C.まずい（リスク感度がバラバラ）→ まずい（組織として感度を統一）→ 感度を統一し、リスクに対する対策準備

リスク感度を合わせるには、リスク会議を開き、個々人の感じているリスクをすり合わせることが重要である。技術的には、出てきたリスクをつなぎ合わせ、マインドマップのようなリスクマップを作成し、リスクの源泉を深堀するためのリスクツリーを作成するとよい。

[3] リスクマネジメントとPMO

　PMOはリスク感度を合わせるために重要な役割を担う。プロジェクトマネジャーや各チームのリーダー、メンバーはプロジェクトにおけるアウトプットを作成する立場であり、特に責任感の強い人の場合、リスクについてあまり触れたがらず、考えない。"やってしまえばリスクではない"、"それは後でやるからタスクなのであってリスクではない"という発言が多く、リスク会議自体が無意味なものになってしまう。PMOはリスクを抽出するためにうまくファシリテーションする必要がある。事前に個別ヒアリングする形をとってもかまわない。また、PMO自身が感じることを素直にぶつけてもよい。重要なことは、それぞれが感じているリスクに対し、プロジェクトとしてどのように感じるべきなのかを共有することである。また、リスクを抽出するために必要なことは、直感や嗅覚を信じることである。目に見えないものに挑むためには、過去の経験を生かし、直感を研ぎ澄ます必要がある。

[4] リスクマネジメントの具体的手法

　リスクマネジメントの手法については、『プロジェクト・リスクマネジメント』（峯本展夫、生産性出版）に詳しい。ここでは、リスクマネジメントプロセスとしてどのようなものを構築すればよいかについて述べる。

　リスクを抽出する前に、リスクの前提となる前提条件をプロジェクト検証やスコープ記述書および計画書などから洗い出す。リスクそのものをモニタリングするよりも前提条件をモニタリングする方が一般的な理解も得られやすく、導入しやすい。

以下、プロセスのポイントについて列挙する。

【前提条件管理プロセス】
1．前提条件の洗い出し
2．モニタリングする前提事項の決定
3．定期的なモニタリング
4．リスクの識別

【リスク管理プロセス】
1．リスクの識別
2．リスクの分類
3．リスクの順位づけ
4．リスク予防策
5．リスク監視
6．リスク情報の蓄積

第4章 PMOの実行とコントロール
－PMBOK知識エリア別のPMO活用事例（24のケース）

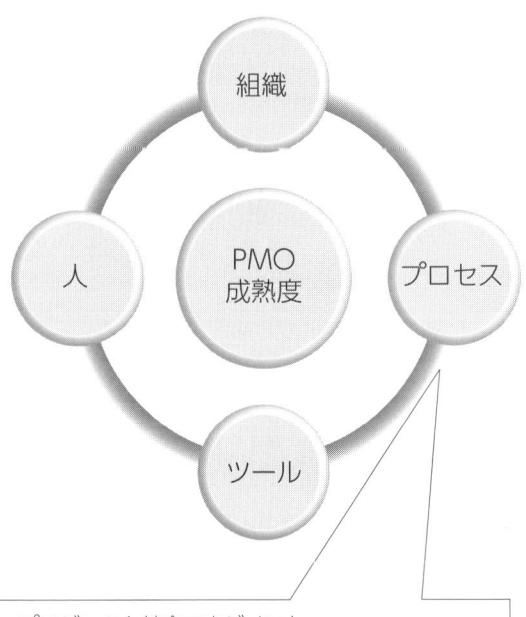

- プロジェクト統合マネジメント
- プロジェクト・スコープ・マネジメント
- プロジェクト・タイム・マネジメント
- プロジェクト・コスト・マネジメント
- プロジェクト品質マネジメント
- プロジェクト人的資源マネジメント
- プロジェクト・コミュニケーション・マネジメント
- プロジェクト・リスク・マネジメント
- プロジェクト調達マネジメント

4.1　プロジェクト統合マネジメント

　プロジェクト統合マネジメントでは、プロジェクトマネジメントの各種プロセスの関連性を見極め、調整や意思決定を行っていく。PMBOKは知識エリアを9つに分類しているが、例えば、プロジェクトリスクを把握し、リスクの発生可能性が高くなってきた場合、ステークホルダーであるプロジェクトオーナーへ伝え、回避策の意思決定を仰ぐという活動は、プロジェクト・リスク・マネジメントとプロジェクト・コミュニケーション・マネジメントに関連する内容となる。そのリスクが、コストに関わる場合、プロジェクト・コスト・マネジメントにも関わる。

　このように、プロジェクト統合マネジメントはある決まったプロセスを実行するのではなく、各種プロセスの接着剤的な役割と言える。PMBOKの原文には、「経験のあるプロジェクトマネジメント実務者のほとんどは、プロジェクトをマネジメントする方法が一通りではないと認識している。望ましいプロジェクト・パフォーマンスを達成するためには、プロジェクトマネジメントの知識、スキル、プロセス等が、さまざまな順序や厳格さの程度で適用される。」とあり、このマネジメントプロセスが属人的なスキルに依存するものであることを指している。

　PMOとしては、プロジェクトマネジメントコンサルタントが主に担う役割となり、プロジェクトマネジャーと同等レベル、またはそれに近いスキルや経験が必要となる。プロジェクトコントローラーとしては、プロジェクト管理情報が混沌とならないよう、プロジェクト管理情報の体系化が重要である。具体的には、プロジェクト管理成果物体系を明確にするとよい。

　プロジェクト管理情報を体系化し、その関連性を示した上で、個々の情報の紐付けも重要となる。例えば、プロジェクト当初のリスクが顕在

化してきた場合、対応策を検討するために課題として起票する。この場合はリスクと課題の紐付けが必要となる。また、会議の場で話し合われ、結論づいたリスクや課題、またはToDo（やるべきこと）についても、議事録とリスク、課題、ToDoとの紐付けが必要となる。このような関連性を日常的に管理していくことで、コミュニケーションの効率化が行える。

ケース1　次工程を見える化する

ケースの背景と問題—準備が後手になっている

　プロジェクトにおいて目の前の作業に追われるばかりに先々の準備ができず、対策が後手後手に回ってしまうことは多い。特にシステム開発の場合、設計が煮詰まらないままプログラミング作業が開始され、設計をしながら製造することもあるが、そのような場合、テストフェーズの準備ができていないまま、テストフェーズに突入するケースがある。このケースでは準備が後手後手に回るというケースであるが、準備もしないままにテストに突入するという強引なプロジェクトもしばしば見られる。

　プロジェクトの組織の体質にも依るが、1つの問題が起きたらみんなで考えようという集団行動が災いして、目先のことに追われ、先々のことを考える余裕がなくなる状態でよく起こる。

状況

✓ 準備作業や環境の準備に手間取り、次工程への円滑な移行ができない

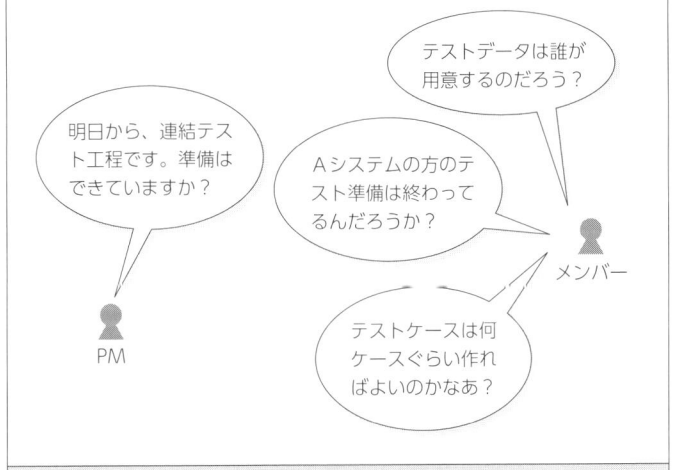

- (PM)「明日から、連結テスト工程です。準備はできていますか？」
- (メンバー)「Aシステムの方のテスト準備は終わってるんだろうか？」
- (メンバー)「テストデータは誰が用意するのだろう？」
- (メンバー)「テストケースは何ケースぐらい作ればよいのかなあ？」

課題

💣 準備作業中に他のメンバーに空白の時間ができてしまう
💣 次工程で発生しうるリスクや課題が把握できない

PMO の視点と解決策 ――一歩引いて先を読む

　プロジェクトマネジャーが目先のことに追われず、先手先手を打つことができればよいが、課題解決のための意思決定をするために連日会議に追われ、なかなか先のことを考える余裕が無い。また、このような状況になった場合、メールの数も膨大になり、プロジェクトマネジャー自身が疲弊し始める。この場合、PMO は一歩引いたポジションでプロジェクトを見る必要がある。目先のことはプロジェクトマネジャーやチームリーダーへ任せ、PMO は先々の準備を始めるべきである。特にシステム開発の製造（開発）フェーズでは各チームが作業に追われ、課題が噴出している時期でもあり、PMO もその流れに流され、夜遅くまで現場支援を行うことがある。しかしながら、PMO は一歩引いた立場で、先を読み、事前準備を行う必要がある。

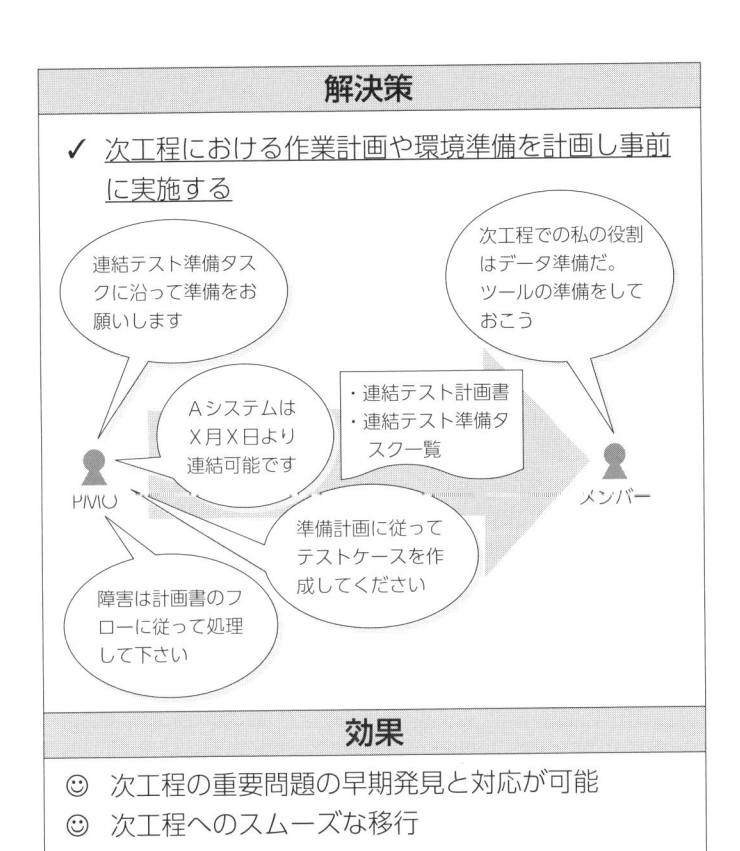

解決策

✓ <u>次工程における作業計画や環境準備を計画し事前に実施する</u>

- 連結テスト準備タスクに沿って準備をお願いします
- 次工程での私の役割はデータ準備だ。ツールの準備をしておこう
- Aシステムは X月X日より連結可能です
- ・連結テスト計画書
- ・連結テスト準備タスク一覧
- 準備計画に従ってテストケースを作成してください
- 障害は計画書のフローに従って処理して下さい

PMO → メンバー

効果

☺ 次工程の重要問題の早期発見と対応が可能
☺ 次工程へのスムーズな移行

ケース2　フェーズ毎に反省会を開く

ケースの背景と問題―同じ失敗を繰り返す

　プロジェクトは期間の長いものから短いもの、数名のプロジェクトから数百人のプロジェクトまで様々である。しかしながら、2人以上集まれば組織であり、1週間であってもその間に問題は発生する。常に改善を促していくことで成果を達成することができる。改善できない場合、同じ失敗を繰り返し、プロジェクトは成功しない。改善できない組織が決して仲が悪いかというとそうではなく、仲がよすぎて問題を指摘できない、言えない体質が生じているからである。特に徹夜してでもフェーズを乗り切ったプロジェクトの場合、気心を知る仲間として認め合い、次のフェーズもこのままがんばろうという雰囲気が生まれる。しかしながら、プロジェクトは後続フェーズへ行けば行くほど、タスクやプロジェクト内外の関係者が増え、加えて予期しないスコープの変更、リスクの顕在化などの問題が起こる。そのような中、前フェーズの反省を行い、改善をしないまま進んでいけば、次第にガンバリズムでは耐えきれなくなり、破綻してしまう。

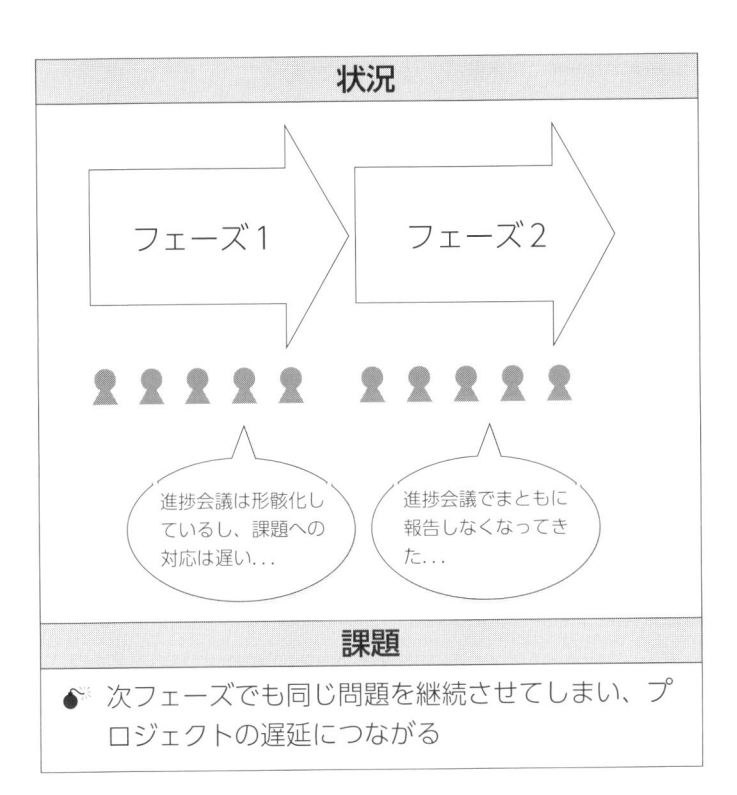

状況

フェーズ1 → フェーズ2

- 進捗会議は形骸化しているし、課題への対応は遅い…
- 進捗会議でまともに報告しなくなってきた…

課題

- 次フェーズでも同じ問題を継続させてしまい、プロジェクトの遅延につながる

PMO の視点と解決策 － 反省会で改善を促す

　同じ過ちを繰り返すことは人間誰しもある。反省という言葉はネガティブなイメージを持ちがちであるが、プロジェクトの現場において、反省は常に行い、改善へ向かうべきである。しかしながら、プロジェクトの全責任を担うプロジェクトマネジャーの口から、現状に対する否定的な言葉はなかなか言い出せない。特に、徹夜続きで頑張ったプロジェクトメンバーに対し、悪かった点を指摘したりするのは心が痛む。そのような場合、PMO は耳に痛いことも言う存在であるべきである。人心掌握はプロジェクトマネジャーに任せ、PMO は客観的な立ち位置で前フェーズの反省会を開き、改善へ向けてファシリテートを行うことで改善を促す。

　その場合、プロジェクトマネジャーと PMO の間に真の信頼関係が構築されていなければならない。そうでない場合、プロジェクトマネジャーは PMO に対して不信感を募らせ、拒絶してしまう可能性もある。PMO はプロジェクトマネジャーとの日常的なコミュニケーションを欠かさず、常に信頼関係構築に気を配る必要がある。

解決策

✓ <u>フェーズ反省会をファシリテートし、Lessons Learned を作成。次フェーズに向けて改善すべきポイント、リスクを明確化</u>

反省会 → PM Lessons Learned

（PM の吹き出し）資料化することで、改善策が明確になった。同じ過ちは繰り返さないぞ

項目	良かった点	悪かった点	改善策
品質	ユーザーレビューの前に、内部レビューを実施するプロセスを設けた	チーム間の整合性確認をしておらず、納品が遅延した	チーム間整合性チェックプロセスを設ける
マネジメント	会議体を整理し、エスカレーションパスを定義	全体進捗会議が形骸化してしまった	全体進捗会議での報告内容を絞り、有意義なものにしていく
…	…	…	…

効果

☺ 反省会を実施することで、次フェーズでの改善ポイントを明確化。次フェーズに向けて、メンバーのモチベーションも向上

4.2　プロジェクト・スコープ・マネジメント

　PMBOKでは、「プロジェクト・スコープ・マネジメントは、プロジェクトを成功のうちに完了するために必要なすべての作業を含め、且つ必要な作業のみを含めることを確実にするために必要なプロセスからなる。」と定義されている。この中で、"必要な作業"という部分は、プロジェクト実行中に変わる可能性が高く、そのためPMOとしては変更管理が最も重要な役割となる。また、変更管理といっても、実際にWBSへの影響、スケジュールへの影響のあるものに限らず、そもそもプロジェクトとして受け入れるべきか不明瞭な要望などの場合、課題管理などで対応することもあるが、プロジェクト・スコープ・マネジメントでは、そのようなものも含めて捉えている。

　一般的な変更管理のプロセスは以下のようなものである。

一般的な変更管理プロセス

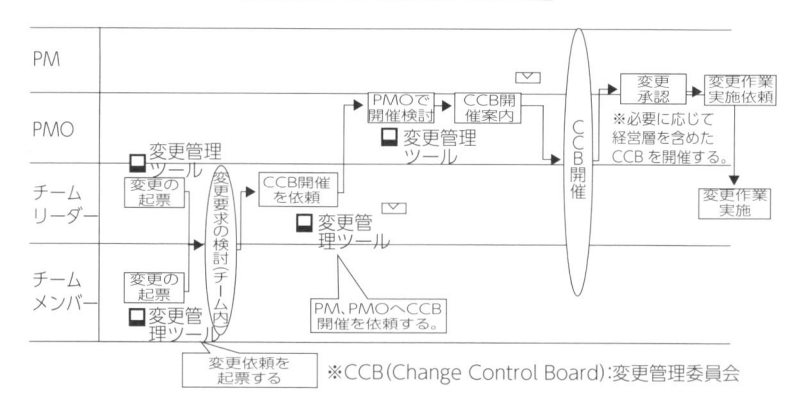

PM					▽		
PMO				PMOで開催検討	CCB開催案内	変更承認	変更作業実施依頼
				■変更管理ツール		※必要に応じて経営層を含めたCCBを開催する。	
チームリーダー	■変更管理ツール	変更の起票	CCB開催を依頼		▽		変更作業実施
				■変更管理ツール			
チームメンバー		変更の起票	PM、PMOへCCB開催を依頼する。				
		■変更管理ツール					

変更依頼を起票する　※CCB(Change Control Board)：変更管理委員会

ここで重要なのは変更管理委員会（Change Control Board、CCB）の運営である。次から次に出てくる変更案件に対し、意思決定を促していかない場合、プロジェクトメンバーの作業がストップし、無駄な作業をしてしまうことにつながる。プロジェクトマネジメントの生産性を高めるため、PMOが主導していくべきプロセスである。

| ケース３ | 変更管理は「リスク」「課題」「インシデント」に分類する |

ケースの背景と問題 －追加の要望で混乱している

　プロジェクトに対する追加要望は様々なところから生じる。システム開発の場合、多くはシステムのユーザーだが、ビジネス環境の変化、または競合他社の動きによってもプロジェクトスコープが変わる可能性がある。M&Aのプロジェクトでは、統合対象となる会社が追加され、新規事業の立上プロジェクトでは不況になったとたん、縮小される。このケースでは、そのような変化に対し、現場の作業への影響、スケジュールへの影響、コストへの影響を考慮せず、プロジェクトを進めている。プロジェクトスコープに影響のあるものを早期に把握し、影響分析をした上で、対策を取るという一連のプロジェクトマネジメントプロセスが欠如している。

状況

✓ 様々問い合わせや依頼がプロジェクトに対して行われるため、どのように対応してよいのかわからない

- 依頼
- 要望
- 質問

何にどう対応すればよいのか？

課題

💣 プロジェクトスコープに関わるものなのか、そうでないものなのか不明瞭のまま、放置されたり、後のリスクになってしまう

PMO視点と解決策 －内容を分類し、それぞれ適切な対策をとる

　プロジェクトスコープへ影響のある話が出たとしても、直接現場の作業に影響をしない場合もあれば、そもそもプロジェクトとして受け入れない場合もあり、何を変更案件として取り込むかという基準が不明瞭になりがちであるが、PMOとしてはそれらをリスクや課題として取り上げ、プロジェクトとしての意思決定を促す必要がある。一般的にシステム開発では設計終了したタイミングで変更管理プロセスを導入するが、広義の変更案件はプロジェクト開始当初から存在する。プロジェクト統合マネジメントにも関連するが、プロジェクトスコープに影響を与える可能性のあるものを「リスク」、影響を与えることが明白であるが、プロジェクトとして受け入れるか、また受け入れたとしてどのチームが対応するかなどの事象は「課題」、どちらとも取れないプロジェクトに対する質問、要望などは「インシデント（または案件）」として管理するなどの対応を行い、変更管理プロセスの導入が無くとも、管理すべきである。

解決策

✓ <u>変更管理プロセス等を導入し、内容の仕分けを行う</u>
✓ <u>スコープの変更に関しては、プロジェクトの正式承認プロセスを導入する</u>

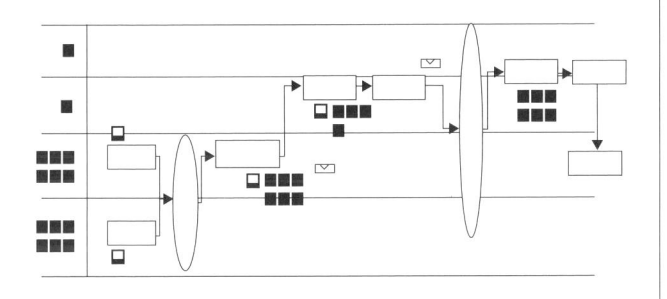

効果

☺ 対応すべき内容が明確になり、プロジェクトのリスクを低減させる

4.3 プロジェクト・タイム・マネジメント

　プロジェクト・タイム・マネジメントは、プロジェクトを期日通りに運営するために用いられる。WBSの作成はプロジェクト・スコープ・マネジメントに含まれているが、プロジェクト・タイム・マネジメントではアクティビティベースの優先順位付け、所要期間の策定などを行い、スケジュールのコントロールを行う。WBSやクリティカルパスの策定などは、プロジェクトマネジャーやチームリーダーが行い、PMOは全体的な調整役となる。

　一般的に精度の高いWBSや計画を作成することは難しい。現実問題として、プロジェクトマネジャーやチームリーダーのWBS作成スキルが低い場合もある。精度の低いスケジュールを元にしたプロジェクト・タイム・マネジメントは頻繁にスケジュールの変更が行われるため機能しない。ここで、PMOとしてWBSや計画作成にどこまで関与すべきか、という壁にぶつかる。全体的な調整を行っていく中でスケジュール見積もりの根拠が不明瞭で、WBSの分解レベルが不十分であることに気づく。その場合、PMOとして直接WBSや計画作成を行ってしまった場合、それは"PMOが作ったもの"として進捗の報告主体であるチームリーダーの意識が低下してしまうことになる。

　明らかにスキルが不足している場合、PMOが直接関わり、WBSや計画を作成する方が、プロジェクト成功のために貢献すると考える。直接関わるとはいえ、共同作業を通じて主体はチームリーダーに持たせる必要がある。PMOはその場合、コーチ役であり、トレーナー役である。作成当初は苦労するが、後々のスケジュール変更に対応するよりも工数負担は軽微である。

　プロジェクト全体のマスタースケジュールをPMOが中心となって

作成した後、個別の要素分解を各チームに行ってもらう方法が効果的である。その際、以下の4つのステップで行う。

1. スコープを定義する
   - プロジェクトにおける作業範囲を決め、実施することとしないことを明確に定義する。
2. スコープから成果物を決める
   - スコープ内で作成する成果物を洗い出し、それぞれの利用目的を明確にする。
   - 最終成果物へ向けた中間成果物や成果物間の依存関係を定義する。
3. 成果物からタスクを考える
   - 成果物を作成するために必要な作業を定義する。その際、成果物のレビューや調整作業も考慮し、必要に応じてタスク定義を行う。
   - 最下層のタスクの粒度は、5人日〜10人日のタスクを目安とする。
4. タスクからスケジュールを策定する
   - 全体の整合性を考慮し、日程を加え、スケジュールを作成する

ケース4　詳細な WBS を作る

ケースの背景と問題　―スケジュールが把握できない

　進捗はチームリーダーからの報告であるため、プロジェクトマネジャーやPMOは遅延状況などを聞いた上で、対策に対する検討及び意思決定を行う。逆に、プロジェクトマネジャーやPMOは能動的にスケジュールを把握することができない。各チームリーダーやメンバーからの報告を受けて積み上げによるプロジェクト全体の進捗状況把握を行わなくてはならない。これは全社的PMOの場合も同様で、各プロジェクトマネジャーからの報告がプログラム全体進捗のベースとなる。プロジェクトの規模が大きくなると、進捗状況の把握だけで日が暮れてしまう。したがって、通常、進捗報告を行うタスクの粒度は数日単位で切られており、週次の進捗報告で間に合うように実施する。しかしながら、プロジェクトが遅延し、リカバリーを行っている状況では、1週間に1度の進捗把握では遅延を解消できない。

状況

✓ WBS タスクの期間が 3 日や 5 日程度で切られているため、タイトなスケジュールにも関わらず、遅れているか日次で把握できない

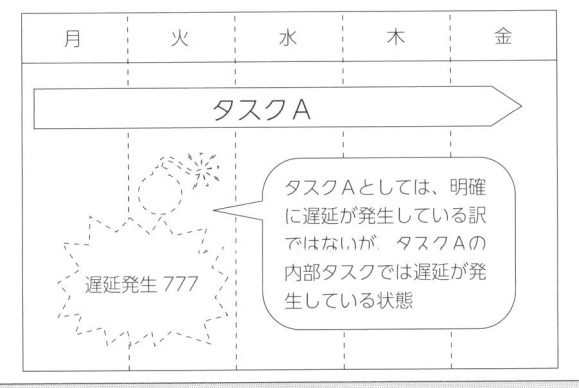

月	火	水	木	金

タスク A

遅延発生 ???

> タスク A としては、明確に遅延が発生している訳ではないが、タスク A の内部タスクでは遅延が発生している状態

課題

💣 WBS がざっくりしているため、遅れていても把握することができない

PMOの視点と解決策 —日々進捗を管理し組織を支える

　プロジェクト全体が遅延している状況の中で、進捗報告を簡素化し、現場の作業に集中させるプロジェクトもしばしば見受けられる。しかしながら、進捗状況のわからないままにプロジェクトを進めると遅延改善の策を打つことができず、気がついたらもっと遅延していたという状況になる。したがって、プロジェクト状況の可視化をより一層推し進め、プロジェクトの意思決定を迅速化する必要がある。PMOはプロジェクトの状況を正確に把握するため、日々の進捗報告を導入するなどの措置を取るべきである。

　当ケースのようなプロジェクトでは、日次のタスクを洗い出せないチームリーダーも少なからず存在するため、PMOがチームリーダーのマネジメント支援に入る場合もある。具体的な作業支援のみならず、PMOが精神的な支えとなり、組織の雰囲気を変えていくことにもつながる。

解決策

✓ <u>日次で把握できるレベルまで WBS を詳細化し、作業状況を把握</u>

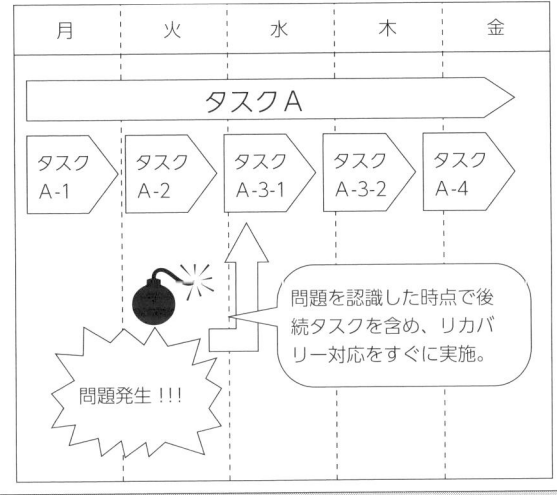

月	火	水	木	金

タスク A

タスク A-1 → タスク A-2 → タスク A-3-1 → タスク A-3-2 → タスク A-4

問題発生!!!

問題を認識した時点で後続タスクを含め、リカバリー対応をすぐに実施。

効果

☺ WBS を詳細にすることで、遅れをすぐに把握し、リカバリー対応を打てる

4.4 プロジェクト・コスト・マネジメント

　プロジェクト・コスト・マネジメントは、見積策定、予算化、予算実績対比を含めた予算管理を含む。プロジェクトマネジャーが行う場合もあれば、大規模プロジェクトになるとベンダー管理も合わせてPMOが行う場合もある。PMOで行う場合、プロジェクトコントローラーまたはプロジェクトアドミニストレーターが役割を担う。

　他の知識エリアとの関連も把握する必要がある。スコープの変更、スケジュールの遅延、要員の増減、リスクの顕在化、調達のトラブルなど事前に計画することのできない問題からの影響を受けるため、常にコストの状況を把握しておかなければならない。気づかないうちにコストが膨らみ、大幅な予算超過を引き起こしてしまうプロジェクトも少なくない。

プロジェクト・コスト・マネジメント

- 規模（スコープ）
- 期間（タイム）
- 要員・工数(人的資源)
- リスク（リスク）
- 要員、HW/SWなどの資源（調達）

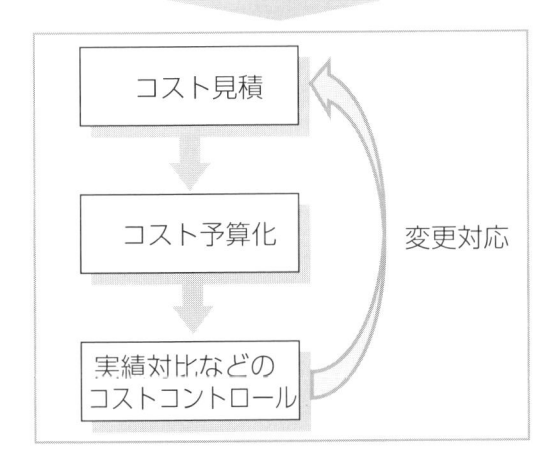

↓

- コスト見積
- コスト予算化
- 実績対比などのコストコントロール

変更対応

ケース5	リスクをコスト化する

ケースの背景と問題 ― 採算軽視の傾向がある

　プロジェクトコスト、つまり予算はプロジェクト開始当初に正確に算出することは難しく、プロジェクトのスコープや前提条件が変わることもしばしばで、バッファとしてのリスク費用または予備費として予算計上することが一般的に行われる。しかしながら、リスク費用以外の見積は積み上げやFP法などの見積手法を用い、厳密に見積もるが、リスク費用は予算規模の10%など根拠なく見積もり、予算化することがよく行われる。この場合、プロジェクトマネジャーはバッファーを"何かあったときのため"という安心材料と見なし、プロジェクトの前半で使い切ってしまうことも多く、プロジェクトリスクの顕在化しやすいプロジェクト後半まで残しておくことができない。

状況

✓ プロジェクトのバッファ費用（リスク費用）が経験と勘で積まれている

> リスクが10件あるから、これくらいリスク対応費用を積んでおくか。

リスク一覧

リスク内容	軽減策	担当
×××	××××	A
○○○	○○○○	B

課題

💣 リスク費用の根拠があいまいなため、採算が悪化するおそれがある

PMO の視点と解決策 ―リスク費用と責任を意識する

　プロジェクトマネジャーは大変な苦労を伴いながらプロジェクトの予算を通す。基本構想を練った後、プロジェクトの目標を掲げ、必要な作業量を見積もり、プロジェクトメンバーの選定、スケジュールを策定し、予算の根拠を整理した上で、いくつかの会議でプレゼンを行い、1つ1つの指摘に応えながら予算化に向けて調整を行う。多くのプロジェクトマネジャーは予算を通すことに重きを置くため、バッファーとしてのリスク費用は軽視する傾向となってしまう。PMO はプロジェクトマネジャーの参謀役として、プロジェクト・リスク・マネジメントをベースとしたリスク費用の見積根拠を明示すべきである。リスク費用の無駄遣いを抑え、プロジェクトの成否が関わるリスクが顕在化してきた段階でリスク費用を使うように仕向ける。

　このようなケースではプロジェクトマネジメントコンサルタントとしての役割が期待される。

解決策

✓ <u>リスク一覧に「コスト」、「コスト責任」欄を設けて、費用換算を実施</u>

> ベンダーが負担するリスク費用の概算はこれくらいだから、リスク発生率を加味して、リスク対応費としてこれくらい積んでおこう

リスク一覧

リスク内容	軽減策	担当	コスト	コスト責任
×××	××××	A		ユーザー
○○○	○○○○	B	1千万	ベンダー

効果

☺ バッファ費用の根拠が明確化し、予算管理が精緻化された

4.5 プロジェクト品質マネジメント

　"品質"という言葉は広い意味を持つ言葉である。PMBOKでも様々な品質マネジメントのスタンダードとの適合を述べている。

　「本節で記述する品質マネジメントの基本的な取組みは、国際標準化機構（ISO）の取組みに適合することを意図している。この一般化した取組みは、また、デミング、ジュラン、クロスビーやその他の提唱者により推奨された品質マネジメントへの特定の取組みや、総合的品質マネジメント（TQM）、シックス・シグマ、故障モード影響解析、デザイン・レビュー、顧客の声、品質コスト（COQ）、継続的改善などの一般的取組みに適合するものである。」

　このように品質マネジメントのスタンダードは数多く存在するが、PMOがプロジェクト管理関連のドキュメント以外にプロジェクトの成果物を作成し、成果物の中身に言及することはない。品質基準を策定し徹底させることだけではなく、品質問題を表層化させることもPMOの役割として重要である。
　PMBOKでは、プロジェクトが確保すべき品質（ソフトウェアの品質）をマネジメントするために、「品質計画」「品質保証」「品質管理」の3つのプロセスを定義している。
　品質マネジメントとは、この3つのプロセスを実行することによって、品質を一定以上に保つ活動のことを指す。

品質マネジメントサイクル

Project Quality Management

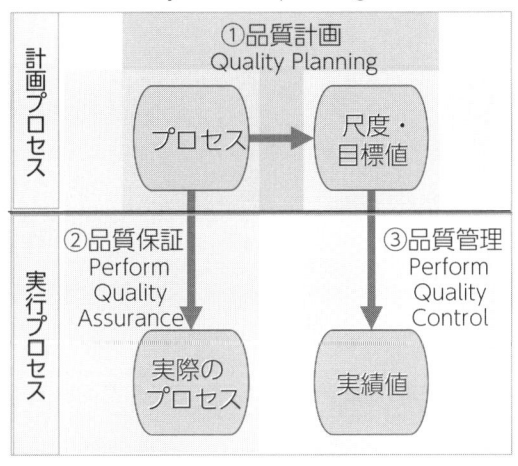

```
計画プロセス
  ①品質計画 Quality Planning
    プロセス → 尺度・目標値
実行プロセス
  ②品質保証 Perform Quality Assurance
    ↓
    実際のプロセス
  ③品質管理 Perform Quality Control
    ↓
    実績値
```

　計画プロセスにおいてPMOが品質計画を作成する場合もあれば、有識者による共同作業をPMOが取りまとめる場合もある。実行プロセスにおいて、PMOはプロセスを円滑に運営するための各種会議のファシリテーションなどを行い、実績値の集計を行うことでレポート作成も行う。

ケース6　プロセス・タスク・成果物を標準化する

ケースの背景と問題 ―方法や品質がバラバラである

　システム開発プロジェクトの場合、全社的なシステム開発標準を適用しつつ開発を進めることが、成果物の一定品質を保つ上で必要となる。開発標準の主管部門による支援がある場合はプロジェクトでの適用も比較的スムーズである。プロジェクト個別の判断に任せている場合、適用もままならず、品質劣化を引き起こす。

　同一成果物に対する複数のフォーマットを使用している場合、ドキュメント品質を保つことが難しくなる。また、作業担当者の負荷や後続フェーズでの利用に支障をきたすなど、マネジメント品質にも悪影響を及ぼす。そのような背景から標準的な開発方法論を適用することになるが、プロジェクト側の十分な理解を得ずに開発方法論としてのドキュメント体系のみ準備しているケースも少なくない。このような場合、品質向上のための適用は難しい。

状況

- ✓ 開発方法論を用いてプロジェクトを進める
- ✓ 開発方法論をベースにして、タスク・成果物を定義する取りまとめ役（標準化チーム）がいない

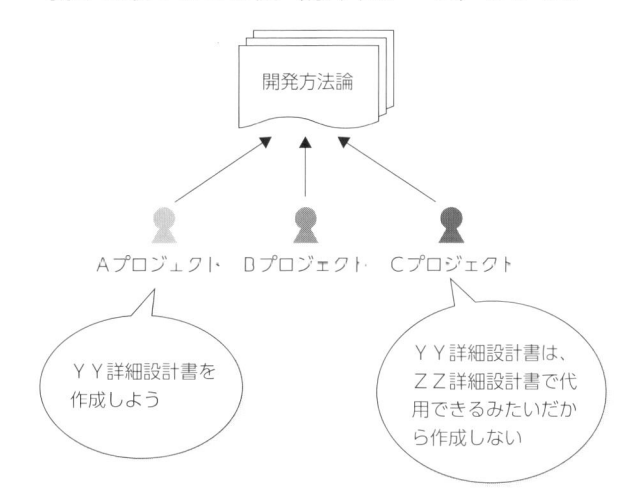

```
        開発方法論
         ▲ ▲ ▲
        ╱  │  ╲
       人  人  人
   Aプロジェクト Bプロジェクト Cプロジェクト
```

（Aプロジェクト）YY詳細設計書を作成しよう

（Cプロジェクト）YY詳細設計書は、ZZ詳細設計書で代用できるみたいだから作成しない

課題

💣 各プロジェクトが独自に開発方法論を解釈して、タスク・成果物・スケジュールを定義する可能性あり

PMO の視点と解決策 ― 標準化の利点を十分に理解してもらう

　プロジェクト統合マネジメントでも述べたように、PMO は目先のタスクに追われるのではなく、先手を打つべきである。プロジェクト品質マネジメントにおいて成果物着手前に標準の導入を行っていなければ、途中での導入は難しく、品質劣化を招く。品質標準の主管部門の支援を得られなかったとしても PMO が主導し、標準の導入を行うべきである。その際、プロジェクトの成果物品質に責任を持つチームリーダーの理解を十分に得た上で進めることが肝要。理解の無いままに導入した場合、標準の適用が形骸化され、結果的に品質劣化を招く恐れがある。

　現場の理解を得るために、他のプロジェクトまたは過去のプロジェクトにおける開発方法論適用事例を紹介することも効果的である。一見、現場の生産性を落とすと思われがちな標準化であるが（実際、そういう場合も少なくない）、導入効果が見えていれば、心理的な抵抗を減らすことにもつながる。

解決策

- ✓ PMOにて開発方法論をベースにして、タスク・成果物を定義
- ✓ 説明会を実施し、各リーダーと意見交換を行いながら、タスク・成果物・スケジュールを作成

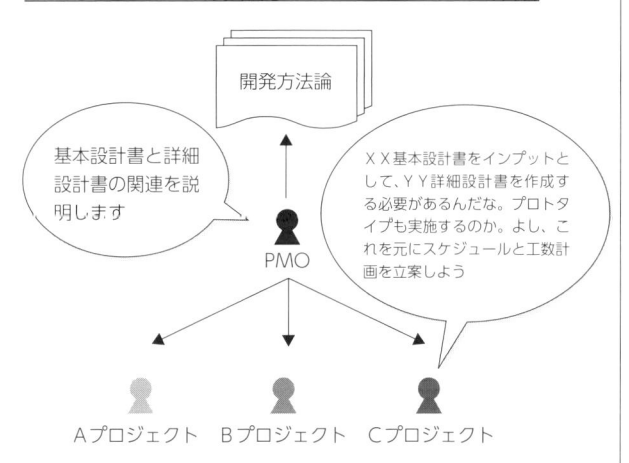

開発方法論

基本設計書と詳細設計書の関連を説明します

ＸＸ基本設計書をインプットとして、ＹＹ詳細設計書を作成する必要があるんだな。プロトタイプも実施するのか。よし、これを元にスケジュールと工数計画を立案しよう

PMO

Aプロジェクト　Bプロジェクト　Cプロジェクト

効果

☺ 開発プロセス・タスク・成果物のプロジェクト間整合が取れ、品質が向上。後続フェーズでの手戻りを防止

ケース7　判定会議で品質を保つ

> ケースの背景と問題 ―品質のチェックがあいまい

　コンサルティングプロジェクトであっても、システム開発プロジェクトであっても、ドキュメントそのものが納品対象となる。ドキュメントの品質チェックは受け入れ先のユーザーまたはクライアントが行うが、レビューのタイミングはユーザーの都合に左右されることが多く、また人によってレビューの精度が異なるため、指摘事項も様々である。加えて、チームリーダーやメンバーがレビュー依頼を個別にユーザーに対し行うため、プロジェクト全体品質の向上につながらない。

　特に時間的に余裕が無い場合、レビュー数の多さや遅れがプロジェクト全体の進捗にまで影響することもある。結果、進捗を取り戻すためにレビューに時間を割くことができず、更なる品質悪化につながる負のスパイラルを生じさせる。

状況

- ✓ 納品が近く、タイトなスケジュールでドキュメント作成とユーザーレビューを実施
- ✓ ユーザーレビューにより指摘された事項に対して、回答漏れ、修正漏れが多発

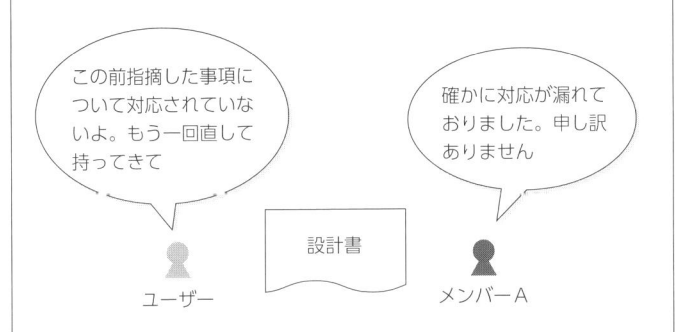

> この前指摘した事項について対応されていないよ。もう一回直して持ってきて

ユーザー

設計書

> 確かに対応が漏れておりました。申し訳ありません

メンバーA

課題

💣 ドキュメントの品質が担保できず、ユーザーレビューを複数回実施している。スケジュールが遅延する可能性がある

PMOの視点と解決策 ―品質のチェックは会議で決める

　PMOは成果物の品質の中身までチェックすることができない。しかし、品質チェックの段取りを変えることはできる。品質チェックは各チームに任せるという原則で進めるが、全体レビュー会議を実施することで、レビューの抜け漏れを防ぐことができる。また、指摘事項に対するアクションをその場で決めることで、現場での対応スピードを速めることができる。

　座長はプロジェクトマネジャー、PMOはファシリテーター役を担う。PMOは指摘事項に対するアクションをすべて把握し、全体レビュー会議後、成果物に対する反映状況の進捗もチェックする。回り道のように思われがちなレビュー会議なので、実施の決定がなかなか行われないことが多いが、個別レビューに頼り、品質劣化が顕在化する前に実施すべきである。

解決策

- ✓ <u>全体レビュー会議を開催し、ユーザー指摘事項等に対応できているか事前チェック</u>
- ✓ <u>会議にはリーダークラスが1人以上参加することで、品質を向上</u>

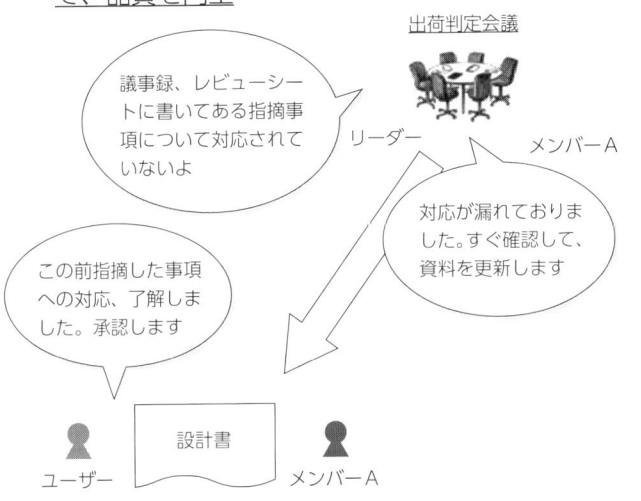

出荷判定会議

リーダー：議事録、レビューシートに書いてある指摘事項について対応されていないよ

メンバーA：対応が漏れておりました。すぐ確認して、資料を更新します

ユーザー：この前指摘した事項への対応、了解しました。承認します

設計書

メンバーA

効果

☺ ユーザーレビューを複数回実施することがなくなり、スケジュールどおりに納品

ケース8　障害確認会で類似障害を防ぐ

ケースの背景と問題──チーム間で情報が共有できていない

　システム開発プロジェクトに関するケースであるが、複数ベンダーへ開発を依頼している場合など起こりがちな問題である。特にオフショア開発の場合、海外でプログラミングと単体・結合テストを行っているため、このような問題が起こる傾向にある。

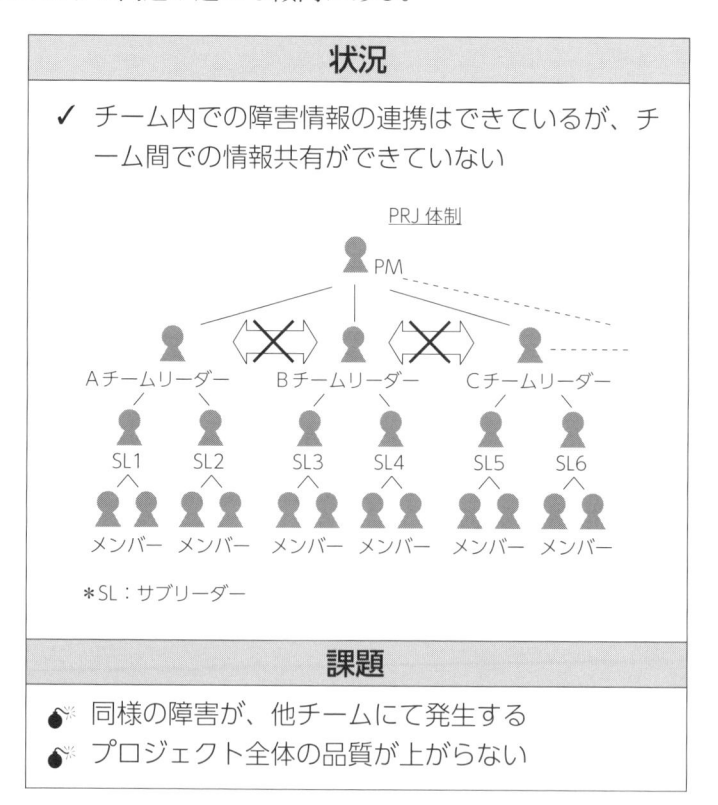

状況

✓ チーム内での障害情報の連携はできているが、チーム間での情報共有ができていない

PRJ体制

PM
├─ Aチームリーダー
│   ├─ SL1 ─ メンバー
│   └─ SL2 ─ メンバー
├─ Bチームリーダー
│   ├─ SL3 ─ メンバー
│   └─ SL4 ─ メンバー
└─ Cチームリーダー
    ├─ SL5 ─ メンバー
    └─ SL6 ─ メンバー

＊SL：サブリーダー

課題

💣 同様の障害が、他チームにて発生する
💣 プロジェクト全体の品質が上がらない

PMO の視点と解決策—障害が起きたら類似障害の対策をとる

　プログラムの障害は1つ1つ解決していけばよいというものではない。1つ障害が起きたら、類似の障害が起こる可能性は高く、品質を向上させるために類似障害の対策を実施する必要がある。開発チームは目の前の障害対応に追われる一方なので、PMO が主導して類似障害の対策を取ると効果的である。

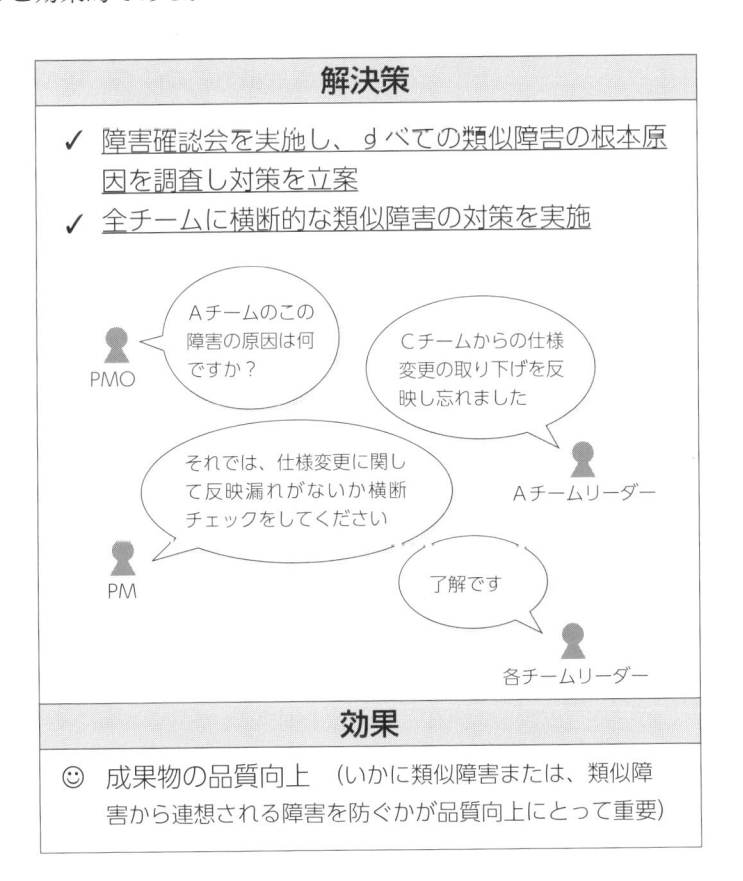

解決策

- ✓ 障害確認会を実施し、すべての類似障害の根本原因を調査し対策を立案
- ✓ 全チームに横断的な類似障害の対策を実施

PMO: 「Aチームのこの障害の原因は何ですか？」

Aチームリーダー: 「Cチームからの仕様変更の取り下げを反映し忘れました」

PM: 「それでは、仕様変更に関して反映漏れがないか横断チェックをしてください」

各チームリーダー: 「了解です」

効果

☺ 成果物の品質向上　（いかに類似障害または、類似障害から連想される障害を防ぐかが品質向上にとって重要）

4.6　プロジェクト人的資源マネジメント

　プロジェクト人的資源マネジメントはプロジェクトメンバーの組織マネジメントと言ってもよい。その中でも、プロジェクトのパフォーマンスを高めるというプロセスはプロジェクトを成功に導くためにとても重要なものである。プロジェクトメンバー間の交流の促進、役割の見直し、時にはモチベーション向上のための施策も効果を発揮する。多くの場合、プロジェクトマネジャー自身がその中心的な役割を担うが、ここではPMOとしてこの分野に関わり、役割を担うケースについて述べる。

　また、PMOのタスクとして体制図を考え、役割分担表を策定することも多い。ここで組織デザインを行う上での基本的な考え方を簡単に述べる。

　まずプロジェクトマネジャーやチームリードが複数存在する場合や、"補佐"や"サブ"という肩書きで体制図に載っている場合は注意すべきである。意思決定の主体がどこにあるのか分からなくなってしまい、特にプロジェクトメンバーにとってはそれぞれが持っている課題を"誰にエスカレーションすべきか"分からなくなってしまう。責任の所在が曖昧になり、組織の機能不全につながってしまう場合も少なくない。その場合、PMOは役割分担表をしっかり策定する必要がある。場合によっては体制図に手を加えてもよい。分かりきったことを明文化することに慣れないかもしれないが、あえて明文化することで、曖昧な状態となっていることに気づいてもらうきっかけともなる。

役割分担表の例

組織名称および役割		担当者	内容
Ｘｘｘグループ			
	Ｘｘグループリード	高橋	◆ グループ全体の進捗、課題、リスクの管理 ◆ PM/PMOへの定期的な報告 ◆ チームリーダーに対するメンタリング、負荷調整
ＸＸチーム			
	ＸＸチームリーダー	田中	◆ チームの進捗、課題、リスクの管理 ◆ グループリードに対する定期的な報告 ◆ チームメンバーに対するメンタリング、負荷調整
	A機能担当	小泉	◆ A機能の要件定義書作成および関連する会議の運営 ◆ 上記に関わる進捗、課題、リスクの管理
	B機能担当	山崎	◆ B機能の要件定義書作成および関連する会議の運営 ◆ 上記に関わる進捗、課題、リスクの管理
	C機能担当	後藤	◆ C機能の要件定義書作成および関連する会議の運営 ◆ 上記に関わる進捗、課題、リスクの管理

ケース9　詳細WBSで作業を平準化する

ケースの背景と問題─チーム内で作業の偏りがある

　プロジェクトの現場では能力の高いリーダーやメンバーに負担が集中しがちである。特に、プロジェクトマネジャーとの信頼関係が強い場合、プロジェクトで正式に決まっているタスク以外の仕事も依頼され、その人自身がプロジェクトのボトルネックになってしまう。

　また、リーダーにマネジメントスキルが不足している場合もある。自らのタスクの優先度やチームメンバーの作業状況を十分に把握せず、目の前の仕事から片付けてしまい、朝から晩まで働いているものの、進捗が遅れがちになってしまうケースである。このような場合、チームリーダーに作業の平準化や優先度付けを依頼したとしても結果につながりにくい。

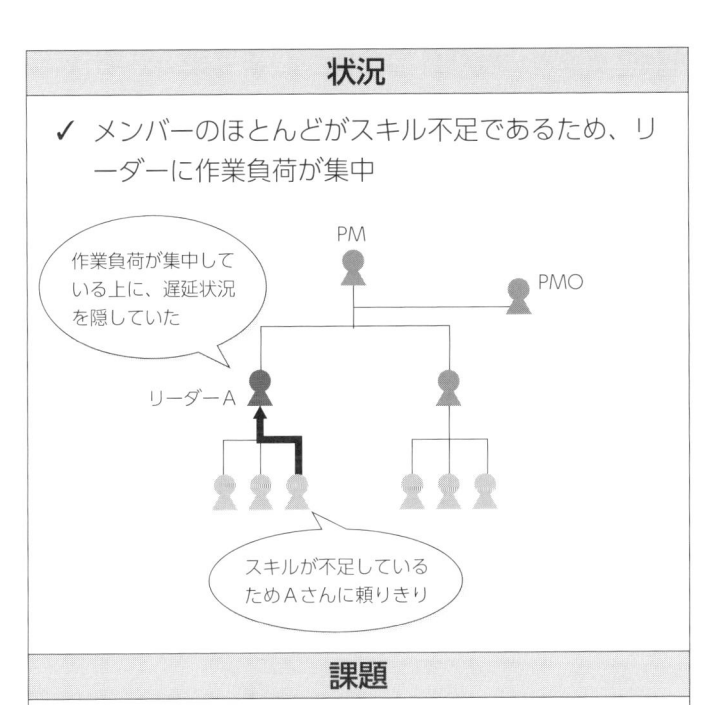

状況

✓ メンバーのほとんどがスキル不足であるため、リーダーに作業負荷が集中

- 作業負荷が集中している上に、遅延状況を隠していた（リーダーA）
- スキルが不足しているためAさんに頼りきり

課題

💣 リーダーAは責任感が強く、作業を抱え込むタイプであり、作業の遅延状況がつかめない

PMOの視点と解決策 ─役割分担の見直しまで踏み込む

　PMOとしてはプロジェクトリスクとして認識し、作業の平準化を行わなくてはならない。本来であれば、プロジェクトマネジャーがその役割を担うべきと考える場合もあるが、目の前の仕事を次から次にこなさなくてはならないプロジェクトマネジャーは、現実的には個々のメンバーの作業負荷を考慮する余裕がない。PMOは作業状況を把握し、役割分担の見直しまで含めて総合的にマネジメントする必要がある。

　このようなケースではPMOはチームリーダーのマネジメント支援を行うことになる。「チームリーダーのマネジメント責任」を論じるあまり、そこまで手を出す必要は無いという判断を下すプロジェクトマネジャーも少なからず存在するが、プロジェクトの成功へ向けたマネジメントの改善という意味では、このような解決策が結果を生む。

解決策

- ✓ WBS（詳細スケジュール）を綿密に作成し、作業負荷状況を数値で把握
- ✓ 作業を２つに分割し、それぞれ別チーム化する。リーダーAは１つのチームのみ担当
- ✓ メンバー間のドキュメントクロスチェックを行うことで、品質向上を行った

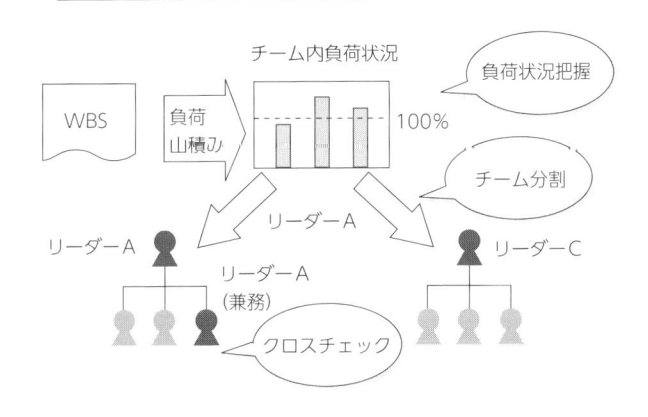

```
                チーム内負荷状況      負荷状況把握
   WBS     負荷           100%
            山積み              チーム分割
                リーダーA
   リーダーA              リーダーC
           リーダーA
           （兼務）
                クロスチェック
```

効果

☺ 役割分担が明確になり、リーダーAの作業負荷も減ったため、遅延状態も解消した

| ケース10 | 休暇管理台帳で休暇と納期を両立させる |

ケースの背景と問題 ―メンバーが休暇で不在のため作業が遅れる

　プロジェクトで共有のスケジューラーを使用している場合を除き、社内ネットワークを使用できない、複数のベンダーが集まっているプロジェクトなどで起こりうる問題である。

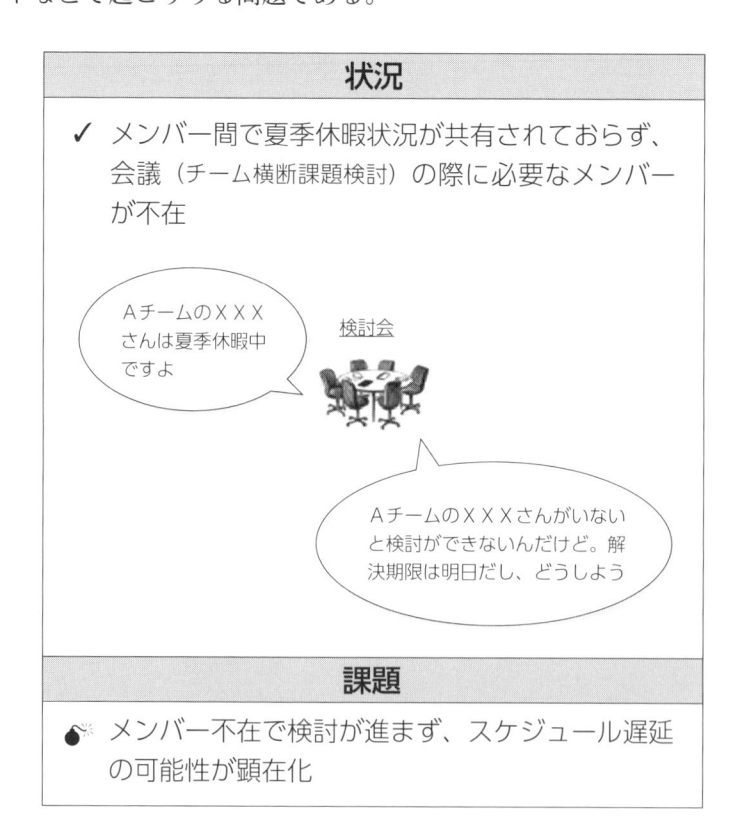

状況

✓ メンバー間で夏季休暇状況が共有されておらず、会議（チーム横断課題検討）の際に必要なメンバーが不在

> Aチームの×××さんは夏季休暇中ですよ

検討会

> Aチームの×××さんがいないと検討ができないんだけど。解決期限は明日だし、どうしよう

課題

💣 メンバー不在で検討が進まず、スケジュール遅延の可能性が顕在化

PMOの視点と解決策 ―休暇予定を共有化する

　意外と単純なことであるが、このような情報が共有されていないだけで、作業の遅延につながることもある。プロジェクトアドミニストレーターが基本的な情報共有の一環として進めるべき内容である。

解決策

✓ 休暇管理台帳を作成し、全メンバー（100名以上）の休暇日、緊急連絡先、休暇中の作業引継者を明確化し、共有

メンバー休暇管理台帳

氏名	夏季休暇日	緊急連絡先	作業引継者
ＸＸＸ	8/10～8/15	○○○－ＸＸＸＸ－ＹＹＹＹ	ＹＹＹ
…	…	…	…

> ＡチームのＸＸＸさんは8/10から休暇なのか。引継者のＹＹＹさんに会議に参加してもらおう。回答できない部分は、申し訳ないが、ＸＸＸさんに電話で直接確認しよう

効果

☺ メンバー間の休暇状況、引継者が共有されることで、検討が遅延なく進んだ

| ケース11 | 意外に便利な紙ベースの進捗管理 |

ケースの背景と問題点 ─多忙で進捗管理が滞り気味になる

　WBS化されたタスクであれば、定期的な進捗報告を必要とするため、メンバー間で共有され、課題やリスクも管理プロセスに則っていれば、取りこぼしも少なくなる。しかしながら、会議の場で決まったことに関しては、議事録へ一旦記載すると管理する手間を省きたくなるもので、なかなか担当者まで行き届かない。加えて、やるべき作業の多くなったプロジェクト後半になってくると、担当者の取りこぼしも増え、そのようなことの積み重ねが、結果的にプロジェクトの遅延を引き起こすこともある。

状況

✓ そう言えば議事録メールで来てたけど、しっかり見る時間ないのが現状
✓ クライアントとの会議で出た課題が多過ぎて整理できない

件名	差出人
・[○○PJ][○○会議議事録]○○議事録の送付	ＡＡＡ
・[○○PJ][△△会議議事録]△△議事録の送付	ＢＢＢ
・[○○PJ][重要]□□会議開催のお知らせ	ＣＣＣ

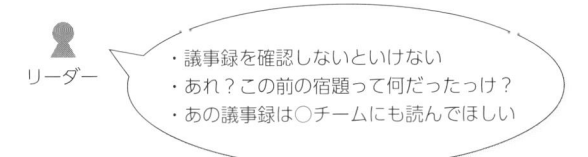

リーダー
・議事録を確認しないといけない
・あれ？この前の宿題って何だったっけ？
・あの議事録は○チームにも読んでほしい

課題

💣 議事録メール来てたけど、確認できてない
💣 もらった宿題って何だっけ？曖昧になってしまってる

PMOの視点と解決策 ─ 紙ベースで回覧または壁に貼り付ける

　会議の場で何となく決定したかの雰囲気になったとしても、PMOは、その場で確認し、決定作業事項として議事録へ記載する。また、その後の対応状況を確認する作業も怠ってはいけない。通常、管理表を作成し、メールで内容確認することも多いが、細かな作業確認をメールで行うと予想以上に手間がかかることがある。このケースでは、アナログ的に紙ベースでの確認作業を解決案として示している。このように作業の見える化として、紙に書いて確認したり、壁に貼り付けたりすることも、多忙なプロジェクトで確実に情報共有するために重要なことである。プロジェクトコントローラーやプロジェクトアドミニストレーターの役割として遂行すべき内容である。

解決策

- ✔ 全体会議などの重要な会議で導入
- ✔ 議事録を印刷し各チームリーダー宛に回覧する表紙に回覧順序と確認印の紙を1枚付けて議事録を回覧する
- ✔ 各チームリーダーは議事録確認印を付いてから次のリーダーに直接持っていく。期日を設ける
- ✔ 複数の会社毎にチームが分かれているので責任の明確化

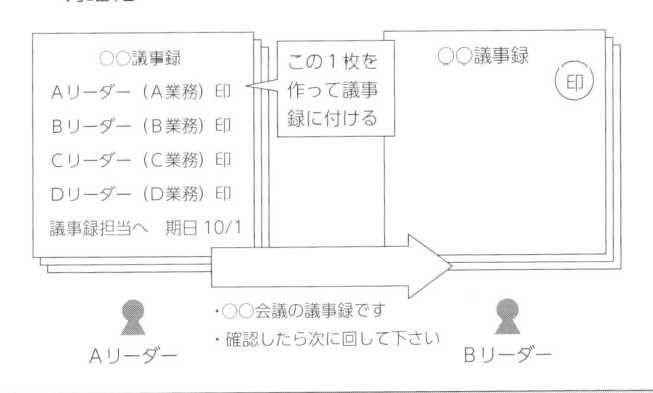

```
○○議事録                     この1枚を        ○○議事録
Aリーダー（A業務）印         作って議事       （印）
Bリーダー（B業務）印         録に付ける
Cリーダー（C業務）印
Dリーダー（D業務）印
議事録担当へ　期日 10/1

      Aリーダー         ・○○会議の議事録です         Bリーダー
                        ・確認したら次に回して下さい
```

効果

- ☺ ToDo、課題の責任所在の明確化
- ☺ 議事録の確認漏れ防止
- ☺ 課題、ToDo の再確認が可能

ケース12 PMO が率先垂範する

ケースの背景と問題—自主的なチーム編成ができていない

　プロジェクトではスコープの修正などに伴い、当初予定していなかった作業が発生することがよくある。また、チーム編成が不十分な場合もあり、対応担当者がすぐに決まらないこともある。各チームが自主的に振り分けてくれればよいが、リーダーシップが欠如することもあり、担当者の割り当てられていない作業が放置されることもしばしばである。

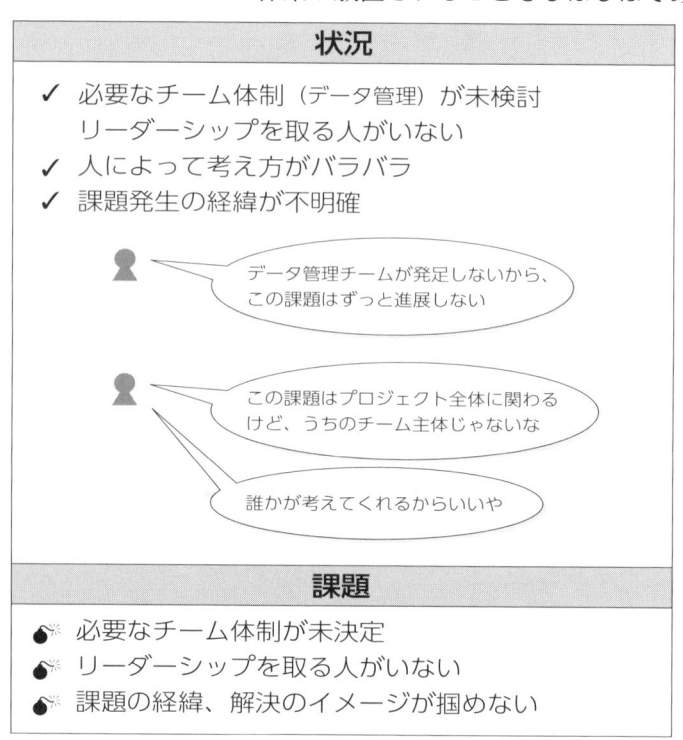

状況

- ✓ 必要なチーム体制（データ管理）が未検討
  リーダーシップを取る人がいない
- ✓ 人によって考え方がバラバラ
- ✓ 課題発生の経緯が不明確

> データ管理チームが発足しないから、この課題はずっと進展しない

> この課題はプロジェクト全体に関わるけど、うちのチーム主体じゃないな

> 誰かが考えてくれるからいいや

課題

- 💣 必要なチーム体制が未決定
- 💣 リーダーシップを取る人がいない
- 💣 課題の経緯、解決のイメージが掴めない

PMOの視点と解決策 ─ 主体的にメンバーを割り当てる

　取りこぼされた作業やタスクをきれいに振り分けるのもPMOの役割である。また、特に時間に余裕のないプロジェクトの場合、メンバーの納得の無いままに振り分けると、モチベーションや生産性の低下を招くため、納得、理解を得た上で割り振る必要がある。このような役割はリーダーシップも必要であるため、プロジェクトマネジメントコンサルタントがイニシアチブを取る、またはプロジェクトマネジャーにその役を担ってもらい、プロジェクトコントローラーが管理を推進すると効果的である。

解決策

- ✓ PMOが体制の推進を実施
  ─体制が軌道に乗るまで支援
- ✓ 会議をファシリテート化し、課題の経緯、体制の必要性をメンバーに説得
- ✓ 各チームからメンバーをアサインした
- ✓ 考え方の統一化

集中検討会　PMO

「この方法なら解決できるね」
「各チームからメンバーを出して下さい」
「ここが問題なんだ」
「案1、案3中心で検討しよう」

効果

- ☺ 未決定だったチームが組成され問題解決へ動き出す
- ☺ 各チームが体制の必要性を認識し、メンバーをアサイン

4.7　プロジェクト・コミュニケーション・マネジメント

　プロジェクト・コミュニケーション・マネジメントはPMOが最も役割を発揮する分野であると言っても過言ではない。
　PMBOKでは「プロジェクト・コミュニケーション・マネジメントのプロセスは、コミュニケーションを成功させるために必要とされる人と情報を結び付ける重要な役割を果たす」と定義されている。例えばステークホルダーとの調整も含まれれば、プロジェクトメンバーとの調整も含まれる。効率的かつ効果的なコミュニケーションマネジメントを遂行することがPMOの使命である。
　ここでコミュニケーションの本質について考えてみたい。以下に挙げる例はコミュニケーションと言えるだろうか？

①進捗管理ルールの変更に関するお知らせを電子メールでプロジクトメンバー全員に送信した。質問や要望があれば連絡するように書いておいたが、特に連絡も無かったため、理解してくれたと思う。
②プロジェクト全体に関わる重大リスクについて、進捗会議の場で声を荒げて説明した。反応は返ってこなかったが、通じたと思う。
③プロジェクト責任者でもある会社の役員と共にプロジェクトの目的やスケジュールについてプロジェクトメンバーへ説明を行った。質疑応答の時間も用意していたが、特に質問も無かったので、全員理解してくれたと思う。

　これらのケースは、仮に学術的なコミュニケーションの定義の範疇に入ったとしても、PMOに求められるコミュニケーションではない。プロジェクトマネジメントにおいて求められるものは、行動に移すための

コミュニケーションでなくてはならない。つまり、受け手側の"腹に落ちるように"コミュニケーションを行わなくてはならない。受けて側の責任にしてしまうとコミュニケーションは成立しない。

　適切な情報を発信することだけがコミュニケーションではない。受け手の立場や心情を踏まえ、飲み込めるように伝えなくてはならない。その際、PMO側に忍耐が要求される。PMOもマネジメントの一翼を担う立場である以上、忍耐強くコミュニケーションを行わなくてはならない。

ケース13　メンバー間の意思疎通をよくする

ケースの背景と問題―チーム間で重要な情報が伝わらない

例えばシステム開発プロジェクトの場合、購買管理、販売管理、財務管理などそれぞれの機能ごとに参画しているベンダーが異なり、役割責任範囲を明確にしなかったために、チーム間にまたがっている課題が解決されず、全体の整合を取ることができていないということがしばしば起こる。役割分担や体制図上、連携を明示し、定例会議などで情報共有や連携を推進したとしても、プロジェクトの個々のメンバーが最新の情報を握っている限り、タイムリーかつきめ細かい情報連携が難しく、品質への影響も起こる場合がある。

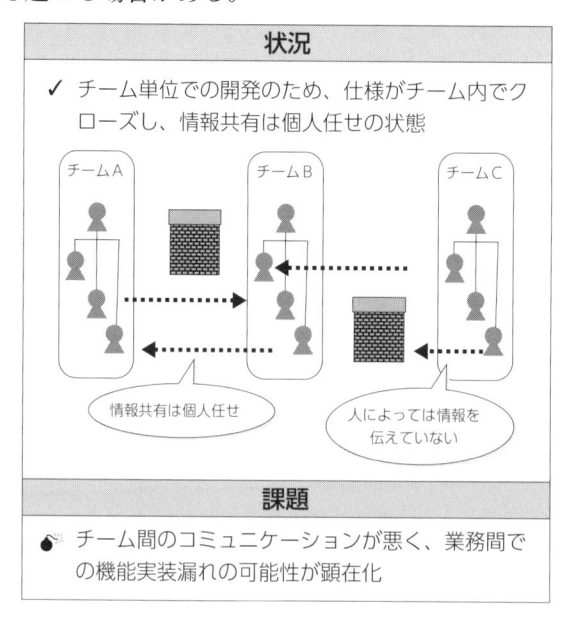

状況
- ✓ チーム単位での開発のため、仕様がチーム内でクローズし、情報共有は個人任せの状態

チームA　チームB　チームC

情報共有は個人任せ
人によっては情報を伝えていない

課題
- チーム間のコミュニケーションが悪く、業務間での機能実装漏れの可能性が顕在化

PMOの視点と解決策―情報共有化のために主導的に会議を開く

　プロジェクトマネジャーはベンダーとの契約の際、各ベンダーが請負契約で行っているため、横断的な課題であってもベンダー側の動きに期待することが多く、直接手を出さないことがある。横断的な課題はポテンヒットのようなもので、誰が手を出すのか誰も決めることができない。そのような場合、PMOがイニシアチブを取る。認識のずれをなくし、成果物作成の生産性を高め、品質の向上を図っていくために必要な対策である。

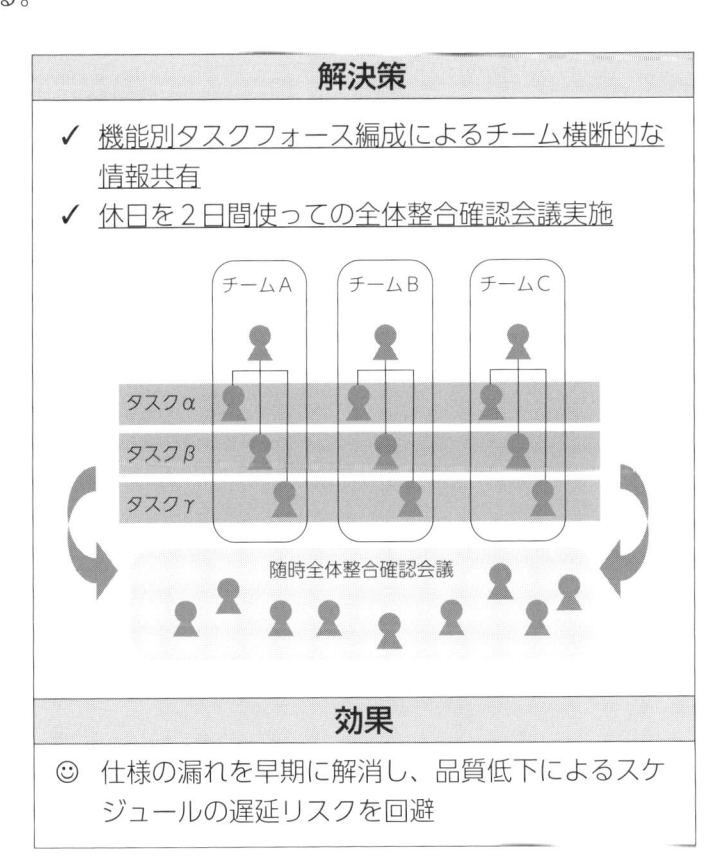

解決策
✓ 機能別タスクフォース編成によるチーム横断的な情報共有 ✓ 休日を2日間使っての全体整合確認会議実施

チームA　チームB　チームC
タスクα
タスクβ
タスクγ
随時全体整合確認会議

効果
☺ 仕様の漏れを早期に解消し、品質低下によるスケジュールの遅延リスクを回避

ケース14 コミュニケーションのルールを作る

ケースの背景と課題—メールだけでは大切なことが伝わらない

　メールに頼りすぎるコミュニケーションの問題は日本に限らず、海外でもよくある。あるインドのオフショアベンダーの話では、隣に座っているプログラマー同士の会話は無く、メールでのコミュニケーションに頼り過ぎているため、お互いの認識のずれが起こり、品質上の問題が出るそうである。メールでのコミュニケーションは一見効率的なようであるが、毎日何十通、何百通もメールが飛び交う中、見落としてしまうことも多い。

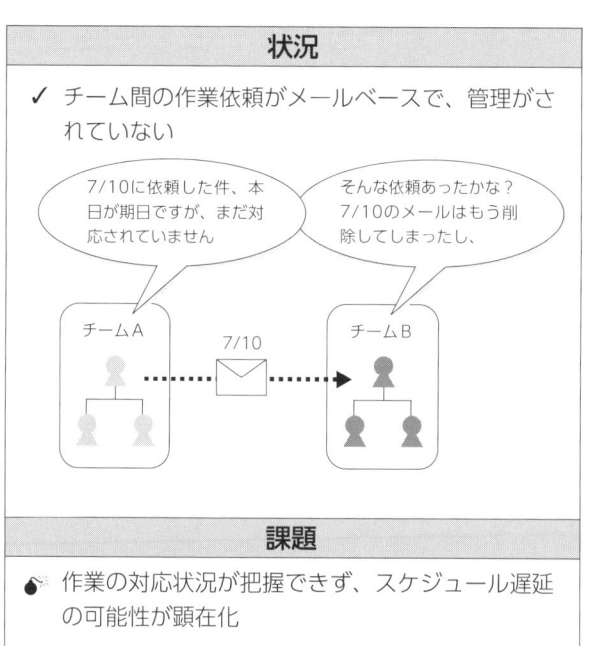

状況

✓ チーム間の作業依頼がメールベースで、管理がされていない

- チームA:「7/10に依頼した件、本日が期日ですが、まだ対応されていません」
- チームB:「そんな依頼あったかな？7/10のメールはもう削除してしまったし、」

課題

💣 作業の対応状況が把握できず、スケジュール遅延の可能性が顕在化

PMOの視点と解決策 —ルール化し管理台帳を作る

ケース13のように会議を設けて情報連携を行う対策もあるが、独立したベンダーがそれぞれのチームで作業しており、PMOが発注側の立場であれば、管理をそれぞれに任せず、管理台帳などを用い、状況把握をしっかり行う必要がある。

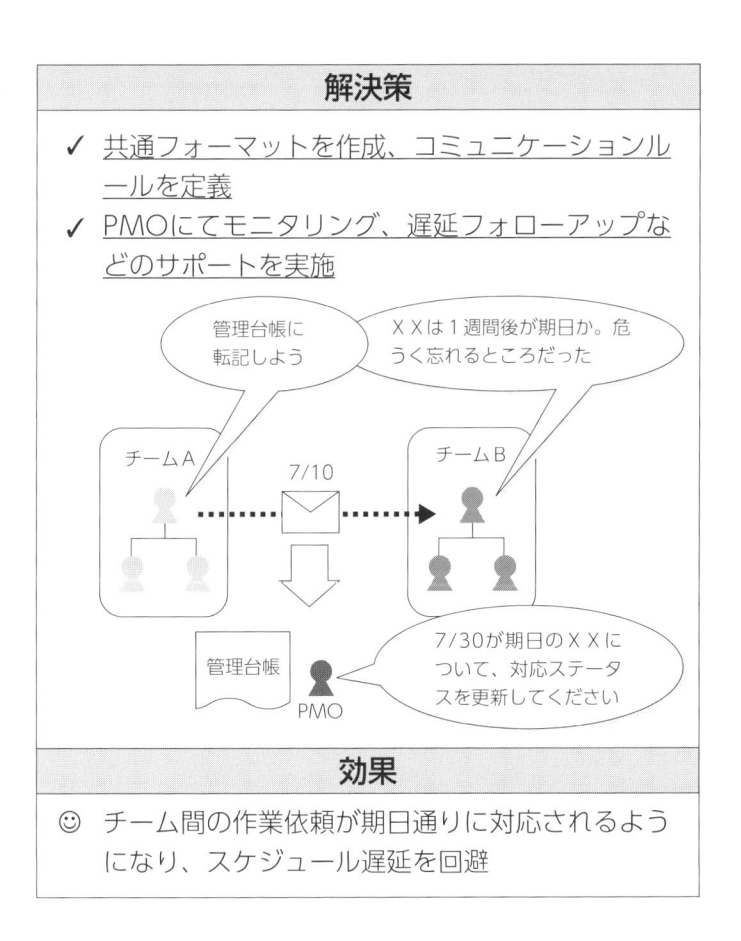

解決策

- ✓ 共通フォーマットを作成、コミュニケーションルールを定義
- ✓ PMOにてモニタリング、遅延フォローアップなどのサポートを実施

（図：チームAが「管理台帳に転記しよう」、チームBが「××は1週間後が期日か。危うく忘れるところだった」、PMOが「7/30が期日の××について、対応ステータスを更新してください」）

効果

- ☺ チーム間の作業依頼が期日通りに対応されるようになり、スケジュール遅延を回避

ケース15 チーム横断型課題管理表を作る

ケースの背景と問題―複数チーム担当の課題がなかなか進まない

　各チーム毎の役割分担を明確にしたとしても、複数のチームで対応すべき課題はよく出る話である。課題管理表をベースにコミュニケーションを行ったとしても、そもそも誰が対応すべきなのか不明瞭になりやすいチーム横断課題は遅延しやすく、課題を解決できないまま、プロジェクトの進捗にも影響を与える。

　特に複数の会社が混在しているプロジェクトや進捗が遅れており、目の前のタスクを消化することで精一杯の状況であれば尚更である。課題を起票した側のチームリーダーも受身になりやすく、誰かが言い出すまで対応せずに待っていることも少なくない。このように責任の所在が不明瞭な課題は放置されたまま見えないところでプロジェクトの進捗を阻害する。

状況

✓ 基本設計フェーズ後半で、追加要件とそれに伴うチーム横断型課題が急増
✓ チーム横断型課題は各チームでそれぞれ管理しているが、対応状況が不明確

Aチーム課題管理表

No	タイトル	期限	担当
1	ＸＸＸ (チーム横断課題)		Aチーム Bチーム Cチーム
2	ＹＹＹ	7/10	Aチーム
3	…	…	…

（期限が入っていない）
（主担当者がわからない）

課題

💣 チーム横断型課題の主担当チームが明確でなく、課題検討が進まない

PMOの視点と解決策 ―管理表を作り主担当を決める

　PMOは課題管理表を注意して管理すべきである。いわゆるWBSに記載されているタスクや個別チームや個人で抱えているTodoは作業内容も明確であり、すぐに手を付けることのできる内容なので、進捗もスムーズであるが、課題管理表に記載されているものは、意思決定されていない事柄がほとんどであり、そもそも意思決定のための調整をどうするかというたぐいのものが多いことが通常である。したがって、意思決定を促進させるためにもそれぞれの課題は誰がどのように解決すべきか、PMOがイニシアチブを取り管理をする必要がある。このケースではその中でも特に、チーム横断となる課題について述べているが、プロジェクト横断課題や意思決定者がわからない課題についても同様に対応する必要がある。

解決策

- ✓ <u>PMOにてチーム横断型課題管理表を作り、主担当チーム、関係チーム、期限を明確化</u>
- ✓ <u>課題検討会議のアレンジ、ファシリテートをPMOにて実施</u>

No	タイトル	主担当	関係チーム				期限
			A	B	C	D	
1	××× (チーム横断課題)	Aチーム 中村	◎	○	○		7/31
2	…	…					…

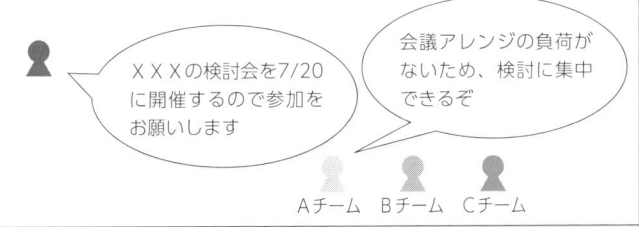

（Aチーム）「×××の検討会を7/20に開催するので参加をお願いします」

（Bチーム・Cチーム）「会議アレンジの負荷がないため、検討に集中できるぞ」

効果

- ☺ 主担当チームがオーナーシップを取り、チーム横断型課題の解決スピードが向上

ケース16	メールのルールを作る

ケースの背景と問題 ―重要なメールが見過ごされる

　毎日大量にやり取りされるメールの処理は個々人の管理に任せることも多く、情報の混乱を招くこともしばしばである。特にプロジェクトマネジャーへ送られるメールは重要度の高いものから低いものまで様々なので、重要なメールであっても読まれないこともある。そのような場合は、口頭で確認すべきであるが、メールに頼ったコミュニケーション文化が根付いている現在、そのようなことも期待できない。

状況

✓ 大規模プロジェクトで1日100通程度のメールがやりとりされる
✓ プロジェクトメールとそれ以外の識別ができない

件名	差出人	受信日時
・【重要】定期健康診断	ＡＡＡ	2007/07/28
・ＸＸチームへの影響分析依頼	ＢＢＢ	2007/07/28
・【重要】体制図更新	ＣＣＣ	2007/07/28

> 作業依頼メールはどこにいったかな、、、

課題

💣 プロジェクトの重要な作業依頼メールなどが埋もれて、忘却されてしまう可能性あり

PMOの視点と解決策 ― 重要度が分かるようにメールのルールを決める

　メールを分類しやすいよう、ルールを設けることが重要である。このようなルールは、成果物の標準ルールと異なり、重要度が低くなりがちであるが、PMOは日常のしつけとしてルールを徹底させるべき。ルールの内容についてはプロジェクトコントローラーが規定し、日常的なチェックはプロジェクトアドミニストレーターの役割となる。

解決策

✓ サブジェクトの命名規則を設けることで、仕分けができるようにした

件名	差出人	受信日時
・【重要】定期健康診断	ＡＡＡ	2007/07/28
・[○○PJ][依頼]ＸＸチーム影響分析	ＢＢＢ	2007/07/28
・[○○PJ][連絡]【重要】体制図更新	ＣＣＣ	2007/07/28

　[○○PJ][依頼]で検索すれば、すぐ見つかるな

効果

☺ 作業依頼メールなど重要なメールが容易に識別できるようになった。また、重要度の低いメールは軽く流すことができ作業効率が向上した

ケース17　会議を減らす

ケースの背景と問題——会議ばかりで作業が進まない

　会議の多さ、長さについてはどのようなプロジェクトにおいても問題点として指摘されつつも、会議に出席しておかなければ、作業の進まないこともあり、無駄な会議を省くことは難しい場合がある。そのようなプロジェクトはそもそも各チームの役割分担が不明瞭であり、タスクやスコープにブレが生じていることもあるので、会議そのものを見直すよりも根っこにある問題を片付けたほうがよい。このケースでは、人員が不足する中、チームリーダーが複数チームを兼務している場合に生じる問題であるが、プロジェクトの体制もままならないまま、進めているプロジェクトと考えられる。

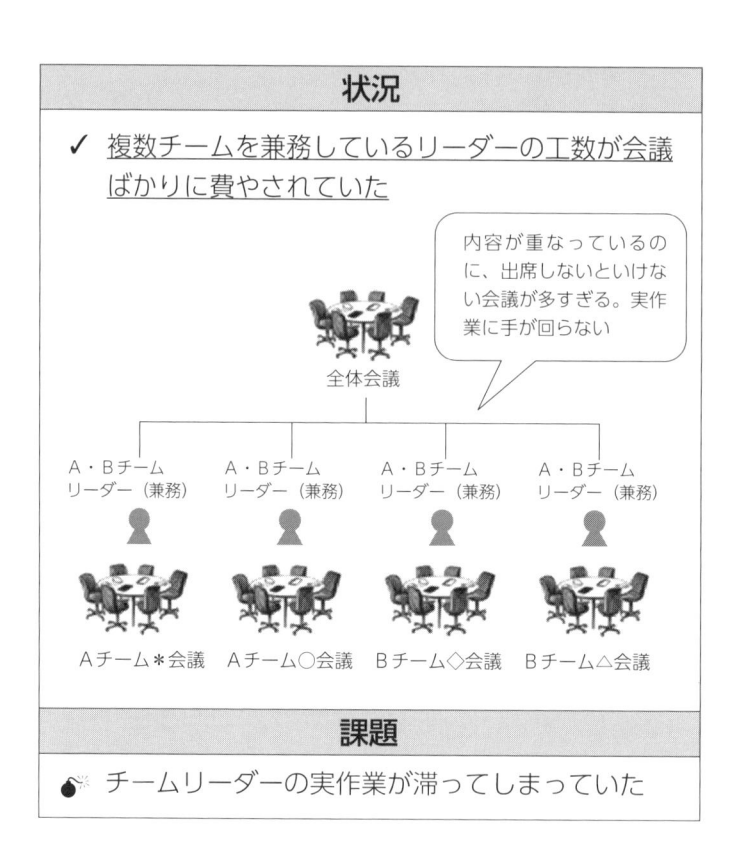

状況

✓ <u>複数チームを兼務しているリーダーの工数が会議ばかりに費やされていた</u>

全体会議

> 内容が重なっているのに、出席しないといけない会議が多すぎる。実作業に手が回らない

| A・Bチームリーダー（兼務） | A・Bチームリーダー（兼務） | A・Bチームリーダー（兼務） | A・Bチームリーダー（兼務） |

Aチーム＊会議　Aチーム〇会議　Bチーム◇会議　Bチーム△会議

課題

💣 チームリーダーの実作業が滞ってしまっていた

PMOの視点と解決策 — 会議と役割を全面的に見直す

　チームリーダーに兼務をやめさせるべくリソースの追加を調整し、体制と役割分担を明確にすることはプロジェクトマネジャー・PMO共に対応すべきことであるが、当面の対策として、プロジェクトで行われている会議を全面的に見直すという手もある。見直す際の成果物サンプルを次ページに示す。

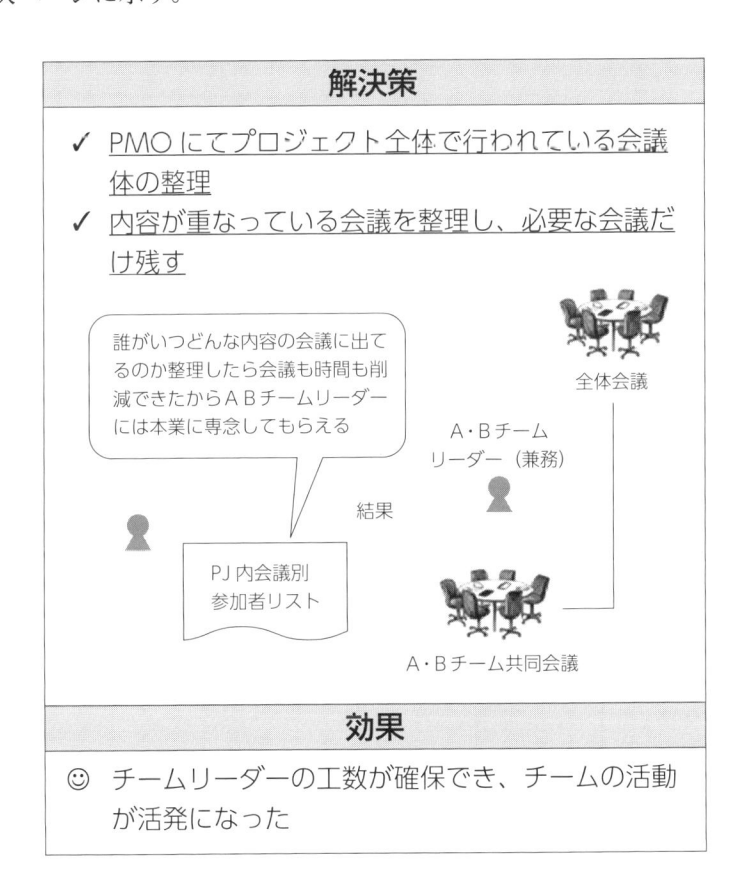

解決策

- ✓ PMOにてプロジェクト全体で行われている会議体の整理
- ✓ 内容が重なっている会議を整理し、必要な会議だけ残す

誰がいつどんな内容の会議に出てるのか整理したら会議も時間も削減できたからＡＢチームリーダーには本業に専念してもらえる

結果

PJ内会議別参加者リスト

全体会議

Ａ・Ｂチームリーダー（兼務）

Ａ・Ｂチーム共同会議

効果

☺ チームリーダーの工数が確保でき、チームの活動が活発になった

全体会議名称		ステコミ	週次定例	チーム定例	X検討会議	△検討会議
会議主管		PM	PMO	TL	任意	任意
頻度備考		随時	毎週水曜 10:00-12:00	毎週火曜 10:00-12:00	随時	随時
A社	A					
	B		◯			
	C		◯			
	D		◯			
			◯			
B社			◯			
			◯			
			◯			
			◯			
					△	
					△	
					△	
					△	
					△	
					△	
					△	
					△	
					◯	
					△	
					△	
					△	
					◯	
C社						
人数		ー	8	6	16	14
内容						

ケース18　グローバルのルールを決める

ケースの背景と問題——各人がバラバラに連絡をして混乱している

　システム開発におけるオフショア開発のみならず、日本へ進出している外国籍企業または海外へ進出している日本企業のプロジェクトは少なからず海外とのやり取りを行う。このケースでは双方の国で同じチームを立て、進めていく大がかりなケースである。このような場合、作業担当者同士でコミュニケーションをとっていくと収拾がつかなくなり、問題が埋もれてしまうことになる。

状況

✓ グローバル PJ だったが、各チーム勝手に本国とコミュニケーションをとっていた

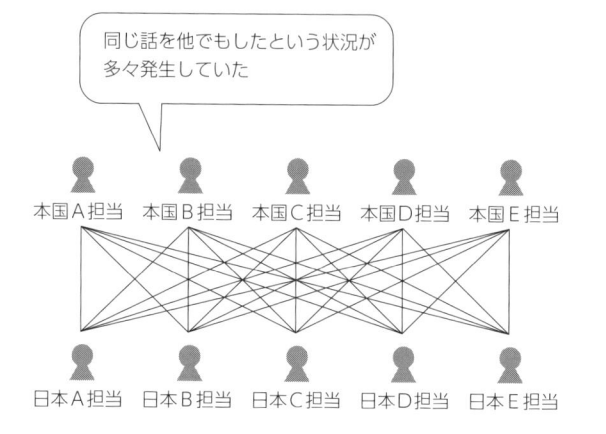

> 同じ話を他でもしたという状況が多々発生していた

本国A担当　本国B担当　本国C担当　本国D担当　本国E担当

日本A担当　日本B担当　日本C担当　日本D担当　日本E担当

課題

💣 本国と誰が何を話しているのか共有できていなかったため、同じことを聞いてしまっていた

PMO の視点と解決策 —情報のハブ機能を果たす

担当者同士がメールでコミュニケーションをとるにしても、他チームとの情報共有を進めるため、PMO がハブとなり、情報の整理を行う。また、双方の国に PMO を立て、重要課題やリスクに関し、テレフォンカンファレンスや直接会って会議を行うなど、密な連携を取ることが重要である。

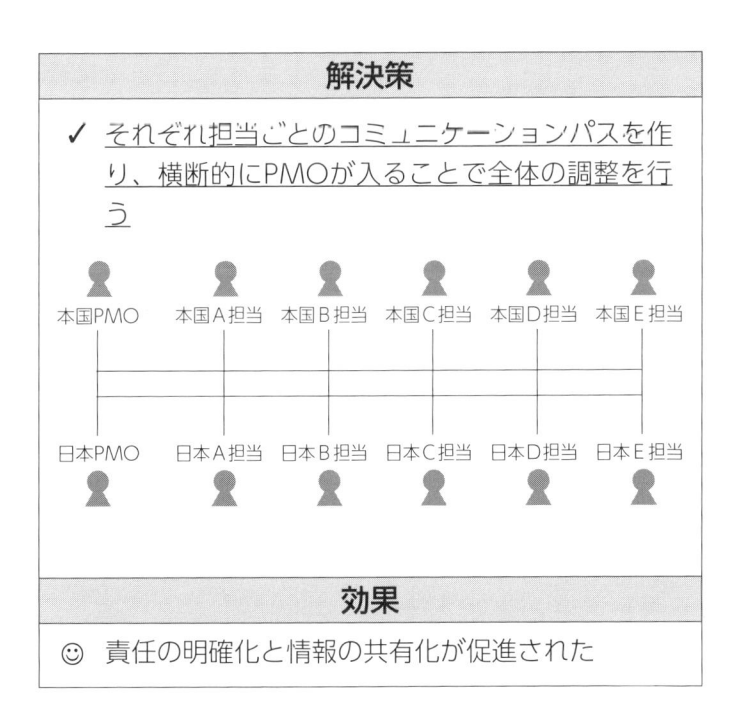

解決策

✓ それぞれ担当ごとのコミュニケーションパスを作り、横断的にPMOが入ることで全体の調整を行う

本国PMO　本国A担当　本国B担当　本国C担当　本国D担当　本国E担当

日本PMO　日本A担当　日本B担当　日本C担当　日本D担当　日本E担当

効果

☺ 責任の明確化と情報の共有化が促進された

ケース19 コーチングを行う

ケースの背景と問題―双方向のコミュニケーションがない

　プロジェクトマネジャーになる人は様々で、プロジェクトの雰囲気もプロジェクトマネジャー次第で変わることもある。例えば強権的なプロジェクトマネジャーの場合、チームリーダーはイエスマンになりがちで、課題やリスクについてオープンに話し合うことができない。また、あまりにも指示をしないプロジェクトマネジャーも、逆に各チームが勝手な行動をとり、プロジェクト全体のベクトルが合わなくなることもしばしばである。

　次の図のケースでは、聞き役が苦手なプロジェクトマネジャーの場合で、プロジェクト内に不満や疑問が鬱積しやすいケースとなっている。

状況

✓ PMがメンバーに対して、一方的な説明をしていたことが多く、メンバー内に不満が生じていた

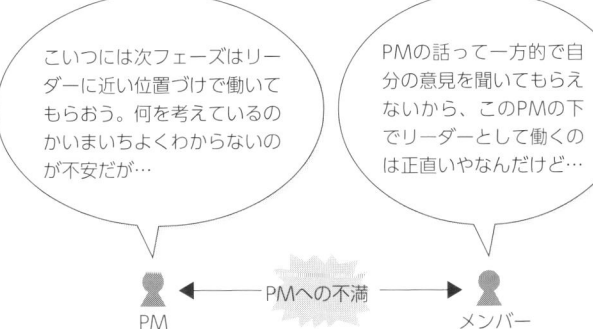

> こいつには次フェーズはリーダーに近い位置づけで働いてもらおう。何を考えているのかいまいちよくわからないのが不安だが…

PM ← PMへの不満 → メンバー

> PMの話って一方的で自分の意見を聞いてもらえないから、このPMの下でリーダーとして働くのは正直いやなんだけど…

課題

💣 一方的な「ティーチング」形式の会話が多かったため、メンバーが反発

PMOの視点と解決策 ―マネジャーとメンバーの橋渡しをする

　プロジェクトマネジャーとの信頼関係も大切であるため、プロジェクトマネジャーを差し置いた行動を取ると余計に悪化するが、この場合PMOは仲介役としての立場を取り、プロジェクトマネジャーとメンバーの間のコミュニケーションをサポートすると効果的である。

　このようなケースでは、プロジェクトマネジャーは専門家としての色あいが強い。または強いリーダーシップを発揮するものの、マネジメントはあまり考慮していない場合である。プロジェクトマネジャーが、責任を担う立場として選任される以上、会社の然るべきポジションを担う人材が抜擢されるため、プロジェクトマネジメントが得意であるとは限らない。その場合、"プロジェクトリーダー"と表現するほうが適当である。しかしPMOは"プロジェクトリードオフィス"ではない。あくまでマネジメントを担う立場である。プロジェクトマネジャーのプロジェクトマネジメントスキルを補完する存在として力を発揮する必要がある。

解決策
✓ <u>PMOとして個別にメンバーと面談を行い</u>、PMに直接言えない不満を吸い上げ
✓ PMに対して<u>PMOから状況説明</u>
✓ その後のPMとメンバーの面談ではPM用の想定問答集を用意し、一方的な説明を削減
✓ 通常時に<u>PMとメンバーの会話に仲介役として介在する</u>ようにし、メンバーの不満を解消

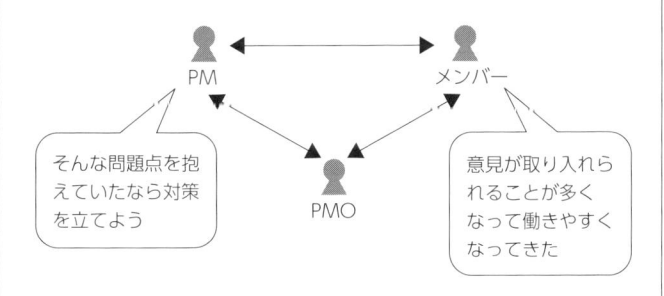

（PM ↔ メンバー、PMO が仲介する図）

- そんな問題点を抱えていたなら対策を立てよう
- 意見が取り入れられることが多くなって働きやすくなってきた |

効果
☺ PMとメンバーのコミュニケーションが活性化され、メンバーのモチベーションが向上した

4.8　プロジェクト・リスク・マネジメント

PMBOK では

「プロジェクト・リスクとは、もしそれが起れば、時間、コスト、スコープ、品質などのプロジェクト目標（すなわち、プロジェクトの目標が合意されたスケジュールや合意されたコスト内で納品することである場合など）にプラスやマイナスの影響を与える不確実な事象あるいは状態のことである。」

と定義されている。

プロジェクトにおけるリスクマネジメントはなかなか導入が進んでいないマネジメントプロセスである。しかしながら、プロジェクトマネジャーやプロジェクトメンバーはリスクに関して時間を取って議論をすることはせずとも、常日頃からリスクに対して何らかの考えやリスクを減らすための対策を取っているはずである。リスクとは日常的に我々が感じていることであり、リスクを考えずに生活をしていることはない。リスクマネジメントにおける PMO の役割はリスクを主な議論の場に引き出すことにある。

繰り返しになるが、リスク感度について再度述べたい。

リスクは分かっていたとしても、対策を講じずに失敗してしまう組織心理がある。リスクを抽出したとしても、リスクに対する感度が異なれば組織的な対応が行いにくい。

例えば、大地震が起きるリスクを考えてみよう。楽観的なタイプは、出たとこ勝負で、地震になったら何とかすると考え、何が起きても安心なように十分準備するタイプは、ある意味心配症と言える。また、地震

が起きた時に一番困ることは食糧だから、食糧だけ準備しようと考えるタイプは、必要最低限の備えをする堅実タイプとなる。このように同じリスクに対しても感じ方が異なるため、対策も異なってしまう。

　プロジェクトにおけるリスクの場合、リスクへの予防策に対して関係者の理解が十分でないと、予防策が実行されず、プロジェクトの失敗につながる。そのため、リスクにする"感度"を合わせることが最も重要なポイントとなる。感度を合わせることで、必要な予防策も形骸化せず、マイナスリスクの発現が最小化される。

| ケース20 | ヒアリングでリスクを吸い上げる |

ケースの背景と問題―重大なリスクの可能性を言えない雰囲気がある

　リスク管理プロセスは、一般的にリスクの抽出→対策の検討→リスク管理表への記載→モニタリングという流れとなるが、リスク抽出のための会議を行ったとしても、公の場でプロジェクトのリスクについて言及することは難しい。1つの理由は、和を重視する日本人の気質にあるとも言えるが、他の人と違った意見を述べることに抵抗感のある場合、先に述べたリスク感度の違いを察して、リスクとして感じていたとしても会議の場では発言しないことが少なくない。

状況

✓ リスク管理プロセスを導入したが、リスクがなかなか吸い上がってこない

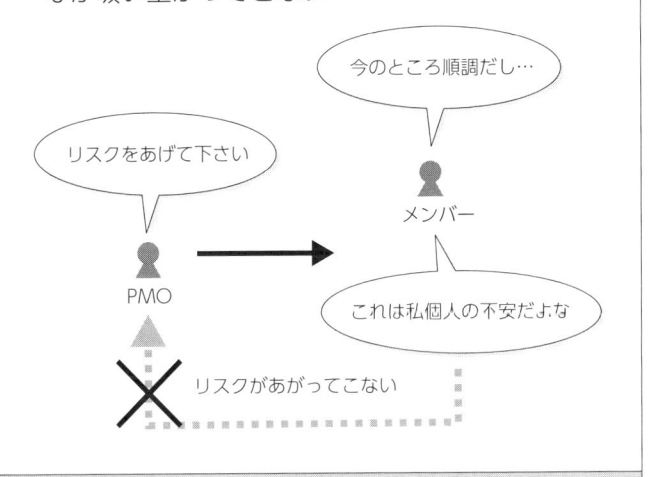

```
                    今のところ順調だし…

  リスクをあげて下さい
                            ♟
         ♟         →       メンバー
        PMO               これは私個人の不安だよな

         ✕  リスクがあがってこない
```

課題

💣 発生していない課題をおおっぴらに言えない雰囲気があり、リスク管理が機能しない

PMOの視点と解決策 ─ 公式非公式の場でメンバーの考えを聞く

　プロジェクトマネジャー自身がリスクを吸い上げようとしても、プロジェクトの予算権限、人事権限を持つプロジェクトマネジャーに対し、不安や恐れとも受け取れかねないリスクについてメンバーが伝えられることは稀である。そのような場合には、PMOが仲介役としてメンバーに対し個別にヒアリングを行い、抽出すると効果的である。公式な場だけではなく、ノミニュケーションの場でも情報収集は可能である。

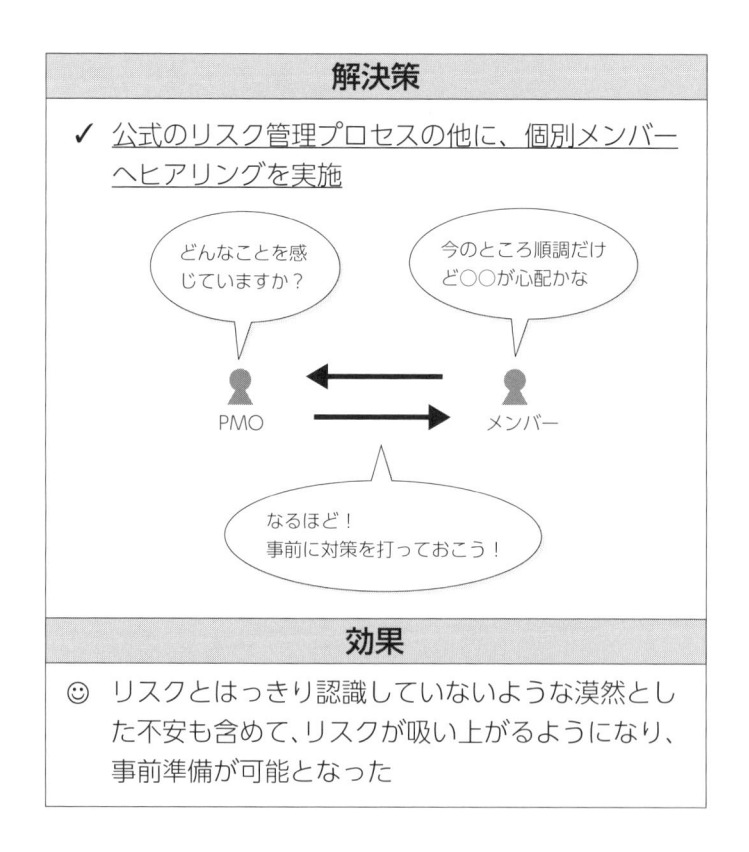

解決策

✓ <u>公式のリスク管理プロセスの他に、個別メンバーへヒアリングを実施</u>

- （PMO）どんなことを感じていますか？
- （メンバー）今のところ順調だけど○○が心配かな
- なるほど！事前に対策を打っておこう！

効果

☺ リスクとはっきり認識していないような漠然とした不安も含めて、リスクが吸い上がるようになり、事前準備が可能となった

ケース21　リスクチェックリストで多角的に調査する

ケースの背景と問題──個人の声は聞いたがチームの全体像が見えない

　前ケースのように個別にヒアリングを行ったとしてもリスクがうまく抽出できないこともある。そもそもプロジェクトマネジャーやリーダー自身がリスクに対する感度が低い場合、またはプロジェクト全体、チーム全体の作業状況を見る目が乏しい場合、リスク抽出は難しく、また偏りが生じてしまう。

状況

✓ リスク管理プロセスを導入したが、個々人のタスクに関するリスク以外のリスクがあがってこない

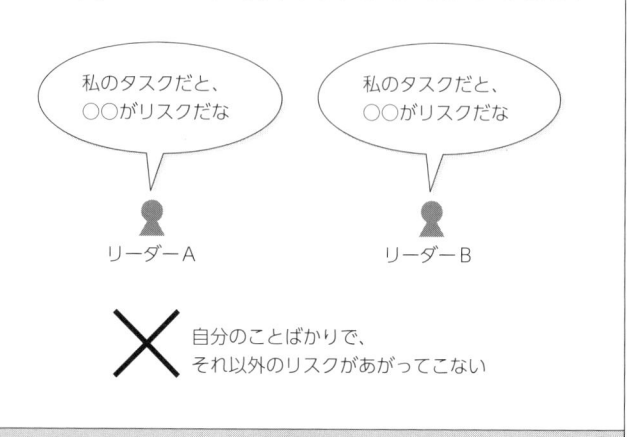

> 私のタスクだと、○○がリスクだな

リーダーA

> 私のタスクだと、○○がリスクだな

リーダーB

✗ 自分のことばかりで、それ以外のリスクがあがってこない

課題

💣 多角的にリスクを捉え切れていないため、不測のリスクに対応できない

PMOの視点と解決策 —チェックリストを作成し確認する

　リスク抽出に慣れていない場合、プロジェクトリスクを網羅的かつ多角的に抽出するためのチェックリストを活用すると効果的である。また、この形でのリスク抽出であれば、プロジェクトコントローラークラスでも対応可能となるため、リスクマネジメントの導入も比較的容易である。リスクチェックリストは、PMBOKの9つの知識エリア別のリスク要素を縦軸に、発生確率、影響度を横軸にとり、作成する。

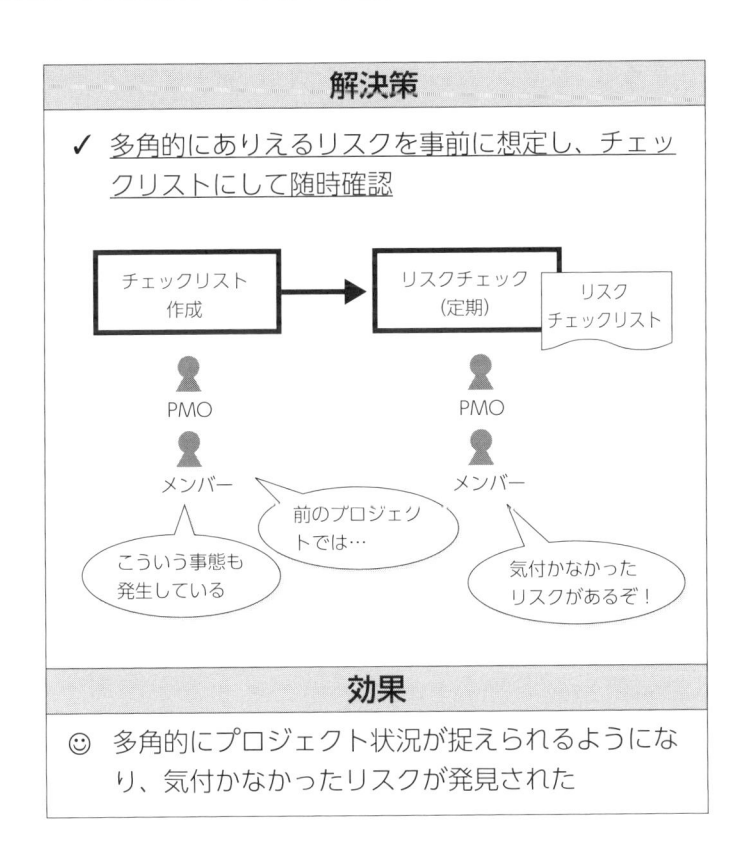

解決策

✓ 多角的にありえるリスクを事前に想定し、チェックリストにして随時確認

```
┌─────────────┐        ┌─────────────┐
│ チェックリスト │ ───▶ │ リスクチェック │     リスク
│   作成      │        │   (定期)    │    チェックリスト
└─────────────┘        └─────────────┘
      ♟                      ♟
     PMO                    PMO
      ♟                      ♟
   メンバー                メンバー
```

- こういう事態も発生している
- 前のプロジェクトでは…
- 気付かなかったリスクがあるぞ！

効果

☺ 多角的にプロジェクト状況が捉えられるようになり、気付かなかったリスクが発見された

ケース22　重要度の高いリスクに注意する

ケースの背景と問題 − どのリスクから手を付けていいかわからない

　リスクをうまく抽出できたとしても、それらを管理し、発生確率が高まっていないか、影響度が大きくなっていないかモニタリングを行うプロセスを定着していない場合、結果的に対策が遅れてプロジェクトの失敗につながる。

状況

✓ メンバーから懸念事項を様々な場所でアラームとして挙げてきてもプロジェクト統一のリスク管理プロセスが無いので、うやむやなまま放置されていた

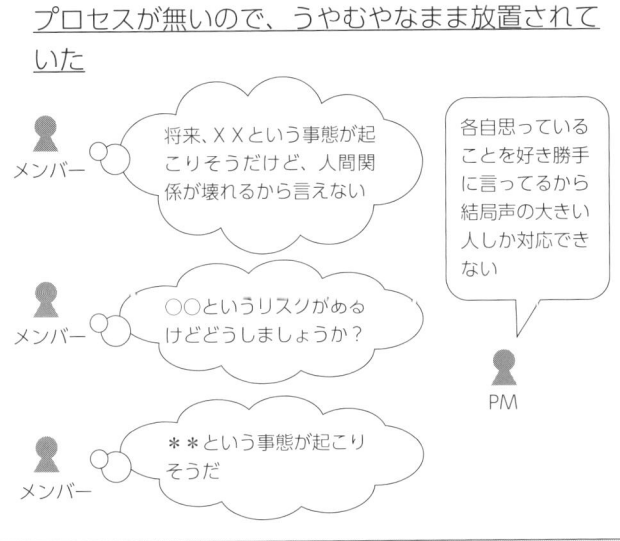

メンバー: 将来、××という事態が起こりそうだけど、人間関係が壊れるから言えない

メンバー: ○○というリスクがあるけどどうしましょうか？

メンバー: ＊＊という事態が起こりそうだ

PM: 各自思っていることを好き勝手に言ってるから結局声の大きい人しか対応できない

課題

💣 重要なリスクが見落とされてしまい、事前に対応策を練ることができなかったために、問題が起きた際に慌てて対応することになり対処できない事態になる

|PMO の視点と解決策|―リスクを定期的に評価し対応する

　抽出されたリスクはリスク管理表としてとりまとめるだけではなく、発生確率や影響度、またリスクの前提条件の変化などを定期的にモニタリングするプロセスを導入することで、先手を打つことができる。

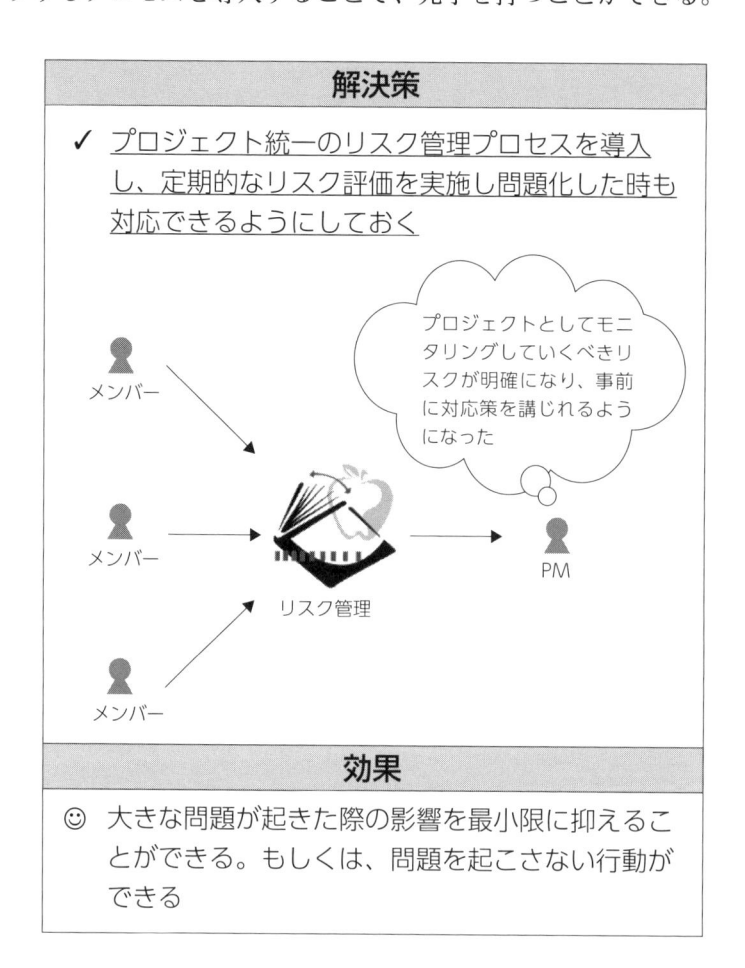

解決策
✓ プロジェクト統一のリスク管理プロセスを導入し、定期的なリスク評価を実施し問題化した時も対応できるようにしておく

メンバー → リスク管理 → PM

（PMの吹き出し）プロジェクトとしてモニタリングしていくべきリスクが明確になり、事前に対応策を講じれるようになった

効果
☺ 大きな問題が起きた際の影響を最小限に抑えることができる。もしくは、問題を起こさない行動ができる

4.9　プロジェクト調達マネジメント

PMBOK では

「プロジェクト調達マネジメントは、作業の実行に必要なプロダクト、サービス、所産をプロジェクト・チームの外部から購入または取得するプロセスからなる」

と定義される。

　プロジェクト調達マネジメントにおける PMO の役割は人事権、予算権限を持つプロジェクトマネジャーに対し、少ないように思われがちであるが、プロジェクトコントローラーまたはプロジェクトアドミニストレーターとしての役割はたくさんある。また、調達には調達までのリードタイムと、調達後パフォーマンスを発揮するまでに更なるリードタイムが発生するので、先手を打つ必要がある。その場合、プロジェクト・リスクマネジメントと合わせて総合的に判断を下す必要があるため、プロジェクトマネジメントコンサルタントクラスの経験・スキルも必要となる。

　最も重要な点は、調達の"タイミング"である。早すぎる調達はアイドリングにつながり、遅すぎる調達は進捗の遅れにつながる。特に人材の調達はそのタイミングが難しい。会社のライン組織からプロジェクトに参画してもらう必要がある場合、先手先手を打ってライン組織側へ依頼、調整、承認をもらわなければならない。場合によってはかなりの根回しも必要となる。適切な人材の参画が望めない場合もあれば、参画工数もフルタイムでの参画ではなく、週に2日程度のパートタイムによる参画となる場合もある。PMO はそのような調達に関わるリスクを抽出

し、モニタリングすると同時に、プロジェクトマネジャーの調達マネジメントを支援する。

ケース23　必要なリソースを予測する

ケースの背景と問題―準備が追いつかない

　プロジェクトが進めば進むほど想定外のタスクが増え、当初見込んでいたリソースが不足してしまうことはよくある。その間、チームの役割分担見直しや編成の見直しなどで対応するケースもあるが、人手が足りなくなった時点で調達を試みても、新規参入メンバーの立ち上がりに時間もかかるため、結果的にうまくいかない。また、契約に時間がかかる場合、参画までにさらに時間がかかるため、結局現有メンバーで対応せざるを得ない状況を生み出してしまう。

状況

✓ 契約タイミングになるまで、社内や協力会社との リソース調整を始めていなかった

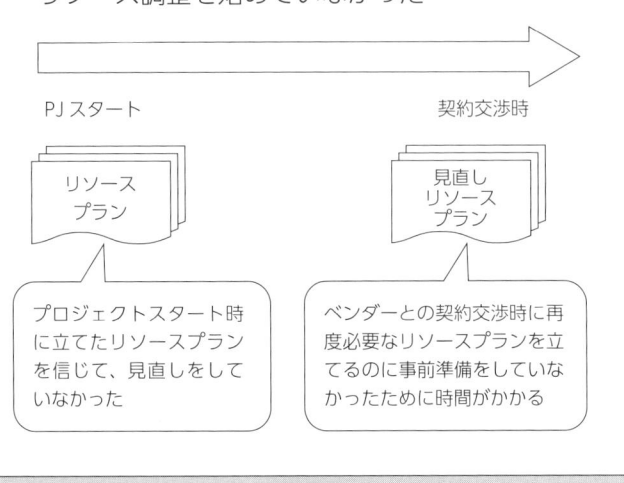

PJスタート　　　　　　　　　　　契約交渉時

リソースプラン　　　　　　　　　見直しリソースプラン

プロジェクトスタート時に立てたリソースプランを信じて、見直しをしていなかった

ベンダーとの契約交渉時に再度必要なリソースプランを立てるのに事前準備をしていなかったために時間がかかる

課題

- 調整に時間が掛かる割に事前準備が足りない
- 新体制を告知できない状況になるが、プロジェクトは動き続けてしまい、メンバーは曖昧な役割で稼動するため、推進が上手くいかない

PMO視点と解決策 ―予測の精度を高める

　特にプロジェクト開始当初からスコープ変更の多い場合、リソースの過不足状況把握は定期的に行うべきである。現時点で不足が無かったとしても、今後起こりうるリソースリスクを早期に把握し、予防策を打つ必要がある。リスクが顕在化した時に備え、リソース調達も事前に手を打っておくべきである。プロジェクトマネジャーやチームメンバーは、何とかガンバリズムで乗り切ろうとするが、PMOとしては冷静、客観的な視点で状況を把握する必要がある。

解決策

✓ リソース予測を立てる
✓ 月次で予実報告会を開き予測の精度を高めていく

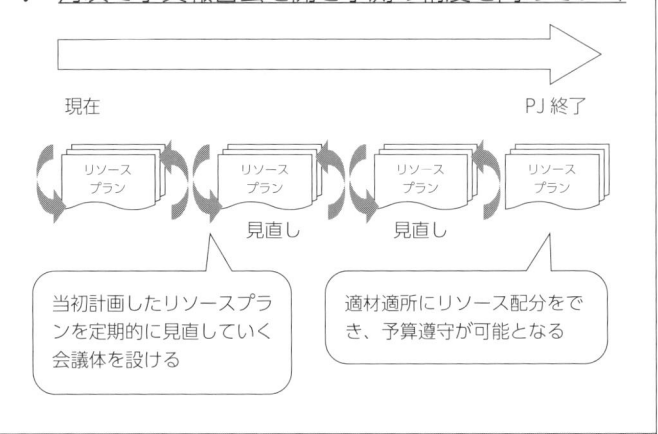

現在 → PJ終了

リソースプラン → リソースプラン（見直し）→ リソースプラン（見直し）→ リソースプラン

- 当初計画したリソースプランを定期的に見直していく会議体を設ける
- 適材適所にリソース配分をでき、予算遵守が可能となる

効果

☺ 社内リソース調達の依頼を先行して伝えられる。協力会社との契約交渉がスムーズにいくことにより、必要なリソース確保ができる。不要なリソースを発見しやすくできることにより、予算を抑えることができる

ケース24 キャッチアップ会で即戦力化する

ケースの背景と問題—新メンバーが増えたが対応できない

プロジェクトのフェーズが新しくなった時などによく起きる問題である。既存メンバーは目の前のタスクに追われ、ただでさえ忙しい中、新メンバーの立上支援まで手が回らない。

状況

✓ プロジェクトが新フェーズへ突入するにあたり、大量の新メンバーが投入されることとなった
✓ 成果物は整理されていたが、質問したい点はたくさんあり、個別に対応するには人数が多かった

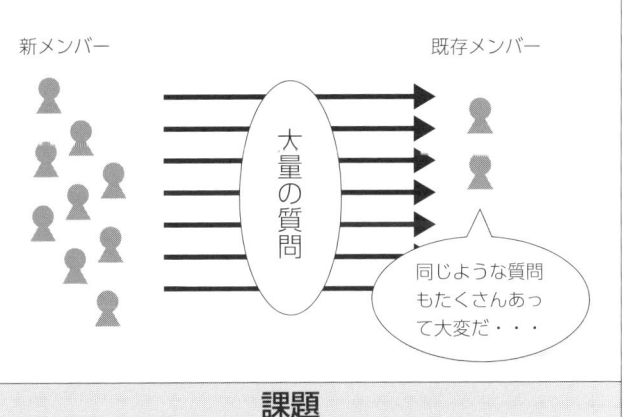

新メンバー　　　　　　　　　　　　既存メンバー

大量の質問

（同じような質問もたくさんあって大変だ・・・）

課題

💣 新メンバーのキャッチアップが遅れることによりスケジュール・品質・コストを悪化させてしまう

PMO の視点と解決策 －説明会を開く

　このケースはコミュニケーションマネジメント領域とも言えるが、調達マネジメントプロセスの一環として取り組んだほうが、実施しやすい。特に参画時のオリエンテーションも混ぜて行うと効果的である。プロジェクトアドミニストレーターがファシリテーション役となり、実施するとよい。

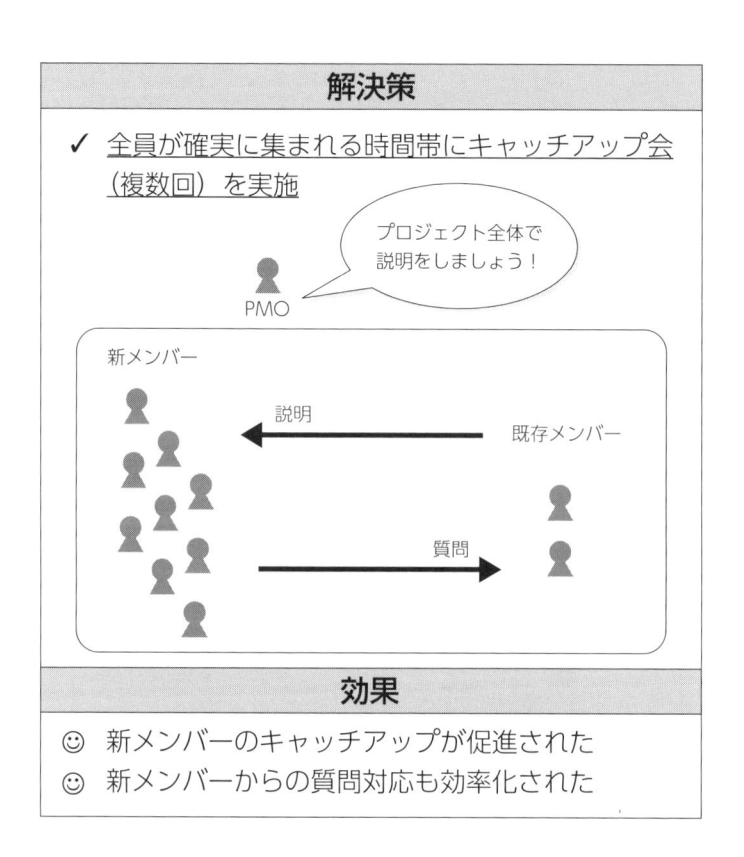

解決策

✓ <u>全員が確実に集まれる時間帯にキャッチアップ会（複数回）を実施</u>

PMO「プロジェクト全体で説明をしましょう！」

新メンバー ← 説明 ← 既存メンバー
新メンバー → 質問 → 既存メンバー

効果

☺ 新メンバーのキャッチアップが促進された
☺ 新メンバーからの質問対応も効率化された

第5章 PMO効率化のためのツール

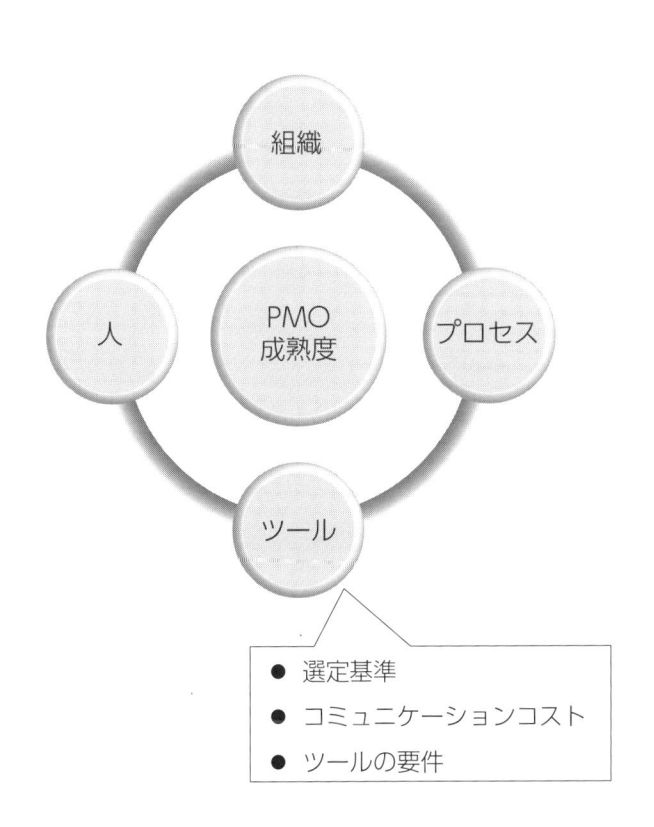

- 選定基準
- コミュニケーションコスト
- ツールの要件

5.1　PMOに必要なツールと選定基準

　プロジェクト管理作業を効率化するためにツール（道具）を使うことは、PMOのパフォーマンスを向上させる上でとても重要である。プロジェクト管理上のツールは、一般的に、プロジェクト管理テンプレート、品質やリスクチェックシート、プロジェクトの課題や進捗状況の分析シート、プロジェクト管理ソフトウェアなど様々なものがある。多くの場合、スプレッドシートを用いた各種テンプレートやチェックシートが作成され、使用される。また、プロジェクト管理ソフトウェアには様々な種類のものがあり、オープンソースのものから、企業全体でのプロジェクト管理のために導入されるものもある。

　ツール選定の基準はプロジェクトマネジャーやPMOの経験や趣向により異なる。使い勝手を重視する場合や会社として標準に定められているものを使用する場合など様々であるが、選定の基準は主に以下の3つに集約される。

- 予算管理上の目的に合致したツールであるか
- 会社の標準プロセスに則ったツールであるか
- コミュニケーションを効率化するツールであるか

5.2　コミュニケーションコストという考え方

　これらの基準を満たすツールを選定するとなると、すべてを満たすものは難しく、いくつかのツールを複合的に使用することになる。会社で標準的に提供されているソフトウェアを使う場合は除いて、スプレッドシートで作成した各種管理帳票を使うことが多い。プロジェクトの規模が大きくなると、進捗管理だけでも複数の種類のファイルを使い、週に一度PMOが集計作業をすることもしばしばである。また、課題管理表も各チーム単位のもの、プロジェクト全体のものを併用し、何がどこにあったのか探す手間もかかる。このように、管理ツールそのものの選択を最初から考えて行わない場合、無駄な労力を注ぐことになり、結果的にPMOのパフォーマンスを落としてしまう結果となる。

　管理情報が分散され、何がどこにあるのかわからない場合、無駄なコミュニケーションを使ってしまうため、それらをコミュニケーションコストという考え方で把握すると、実感できる。

　例えば、プロジェクトメンバー30名で、プロジェクトの管理情報を用いてコミュニケーションをするケースを考えてみる。

　管理帳票のファイルを探し、その内容をメール、または会議で使用するために探す時間を1人当たり1日10分かけたとする。10分というと多いように感じるかもしれないが、共有フォルダを開き、どこにあったか探し、ファイルを開き、該当箇所を見つけるだけで、5分はかかってしまう。うまく見つかればよいが、見つからない場合、誰かに聞くなり、メールするなりした場合、10分では足りない。また、プロジェクトマネジャーやチームリーダー、PMOは頻度が高くなるため、1日数時間費やすことになるが、ここではメンバー全員で平均的にどのくらい使うか、計算してみたい。

仮に1日10分程度、500円程度のコミュニケーションコストを使用したとしても、年間で積算すると12万5千円になる。これがプロジェクトメンバー全員を対象にすると400万円近い数字となる。

　また例えば、議事録から課題やToDoに転記するときの内容の確認のために要する時間、リスクとして抽出されていたものが顕在化し、課題やToDoとして管理される場合の転記や紐付けにかかる時間を積算すると、プロジェクトメンバーが100名を超える場合、数千万円の無駄につながる。

　つまり、プロジェクト可視化のためにプロジェクト管理を徹底すればするほど、無駄なコミュニケーションコストが発生し、必要以上に管理工数がかかっている、またはPMOの人員が多すぎる結果になってしまう。ここに、PMOのパフォーマンスを低下させる要因がある。

5.3　PMO に必要なツールの要件

　PMO に必要なツールを考えるに当たって、以下の点を考慮しなくてはならない。

- 現場に定着しやすいものであるか
  －結果的に PMO の工数を減らし、生産性を高める

- プロジェクト管理プロセスを実行支援してくれるものであるか
  －プロジェクト管理プロセスがすでに組み込まれている、または柔軟に対応できるものであれば、PMO の生産性を高める

- プロジェクト管理情報を効率的に共有・メンテナンスできるものであるか
  －情報が一元管理されていれば探す手間も省け、PMO の管理工数を減らし、生産性を高める

　特にプロジェクトコントローラーにとって重要なことは、プロジェクト可視化のための必要な管理は実行しつつも、無駄な管理工数を減らすことである。そのバランスを保つことのできるツールの選定が望まれる。
　次に、溢れるスプレッドシートからの脱却を図るために、PMO に必要なプロジェクト管理ソフトウェアについて検討してみたい。ソフトウェアの検討に当たっては、当該プロジェクトで必要な機能について洗い出してみる必要がある。
　以下に主なプロジェクト管理ソフトウェアに備わる機能を PMBOK の 9 つの知識エリア別に紹介する。

表5-1 ソフトウエアに備わる9つの知識エリア別の機能

分類	機能
統合マネジメント	プログラム管理
	課題管理
	過去事例検索
スコープマネジメント	ドキュメント管理
	変更管理
タイムマネジメント	進捗管理
	報告書
	ガントチャート
	WBS
	タスク管理
	クリティカルパス管理
	EVM
	ToDo管理
	カレンダ管理
コストマネジメント	予算管理
	PPM
品質マネジメント	品質管理・障害管理
人的資源マネジメント	リソース管理
	アクセス権限
コミュニケーションマネジメント	進捗報告
	議事録作成・管理
	会議管理
	インシデント管理
	メール機能・連携
	掲示板
リスクマネジメント	リスク分析
	モニタリング
その他	検索機能
	レポート機能
	グラフ
	印刷機能
	Undo、Redo
	MS-Projectとの連携
	エクスポート
	インポート
	他国語対応

また、全社的PMOと個別プロジェクトのPMOの双方から使用可能なソフトウェアであれば、情報の粒度や鮮度も変わらず、プロジェクトの状況を可視化できる。それぞれの階層に必要なソフトウェア機能を列挙する。

図5-1　ソフトウエアに必要な階層別の機能

階層	機能
全社PMO (プログラム マネジメント)	① 実行中の全プロジェクトの進捗、課題、リスク、変更等の状況を捉えられる（ステータス管理例…灰色：完了、白：健全、黄色：注意、赤：遅れ） ② 実行中の全プロジェクトのリソース（計画／（実績））が見える ③ 実行中の全プロジェクトの生データ（進捗報告、タイムシート）を入手できる
PMO (プロジェクト マネジメント)	① 管理方法の統一によりプロジェクトを計画する時間が短縮可能 ② 実行中のプロジェクトの進捗、課題、リスク、変更等状況が捉えられる ③ 進捗遅れが出始めた場合の早急な対応が可能となる（チームレベルでの進捗把握可能） ④ 各種管理機能の連携により、管理工数が削減可能 ⑤ 報告資料作成用のデータ収集・分析時間が短縮可能 ⑥ 個人レベルでの作業負荷と進捗遅れを見つけ出し、平準化することが可能 ⑦ 管理機能の登録・編集時のメール通知により管理上の信号を早期に把握可能
プロジェクト メンバー (個人)	① ダッシュボードで、遅延作業や期日が近い作業を確認 ② 規定の管理フォーマットを活用することにより自然とプロジェクトマネジメントの知識が身に付く ③ ToDoリマインド機能により、ToDo内容のメール通知 ④ 毎日の作業と、タイムシートの紐付け可能

これらの機能をすべて満たしたとしても前述した選定基準に合致したソフトウェアでなければならない。

- 現場に定着しやすいものであるか
- プロジェクト管理プロセスを実行支援してくれるものであるか
- プロジェクト管理情報を効率的に共有・メンテナンスできるものであるか

5.4 PMO のためのソフトウェア「ProViz 5（プロビズファイブ）」

　PMO に必要なツールの要件をすべて満たすソフトウェアの例としてここでは「ProViz 5（http://www.proviz.jp/）」の紹介を行う。ProViz 5 は、プロジェクト管理に必要な機能をすべて有するとともに、コミュニケーションマネジメントを中心とした支援を行う。

図5-2　PMO ソフトウエアの概要

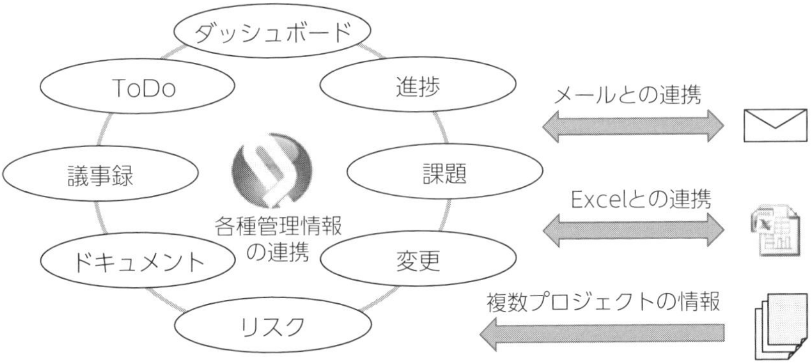

　プロジェクト管理ソフトウェアは現場でどのように使われるのかを理解してこそ真の成果を生む。多くの機能を有していたとしても使われなければ意味が無い。ProViz 5 の機能を使うことでどのような効果が期待できるか見ていきたい。

ケース A. 進捗管理（WBS 登録〜個別タスク確認）

　WBS の作成はプロジェクトマネジャーが 1 人で行う場合もあるが、規模の大きなプロジェクトの場合、複数人からの登録・更新が必要となる。このような場合、情報共有機能の充実が肝要である。

- プロジェクトマネジャー、PMO、チームリーダーのいずれかが WBS を登録（直接入力またはインポート）
- WBS レベル別にタスクを登録
- リソース負荷を確認し、タスクが平準化するようにリソースを調整
- プロジェクトメンバーはダッシュボードで、今週の作業や遅延作業を確認
- 登録後 WBS を編集した際は、関係者にメールを送付

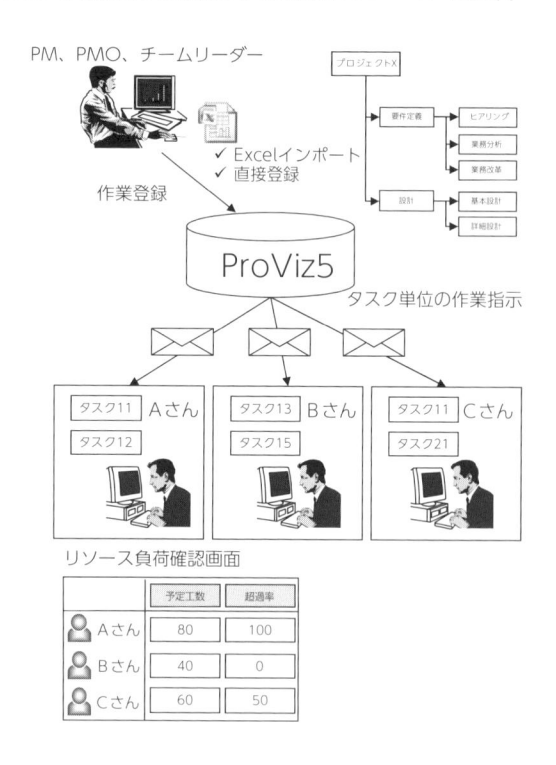

ケース B.　進捗管理（進捗報告〜進捗確認）

　WBS作成後、ステータスの更新が不十分なまま運用されているプロジェクトも多い。WBS、課題、リスクなど対応すべきものを管理している管理帳票と進捗報告書が分かれていることが1つの原因である。ProViz5ではその問題を解消している。

- プロジェクトメンバーは、毎週タスクの進捗報告を行う（チーム単位または個人単位、タスクの進捗率、ステータス、課題やリスクの対応状況、遅延日数、遅延理由など）
- プロジェクトマネジャー、PMO、チームリーダーはメンバーからの進捗報告メールを受け、ProViz5へアクセスし、報告内容を確認
- 報告内容の確認に関するフィードバックも同時に行う

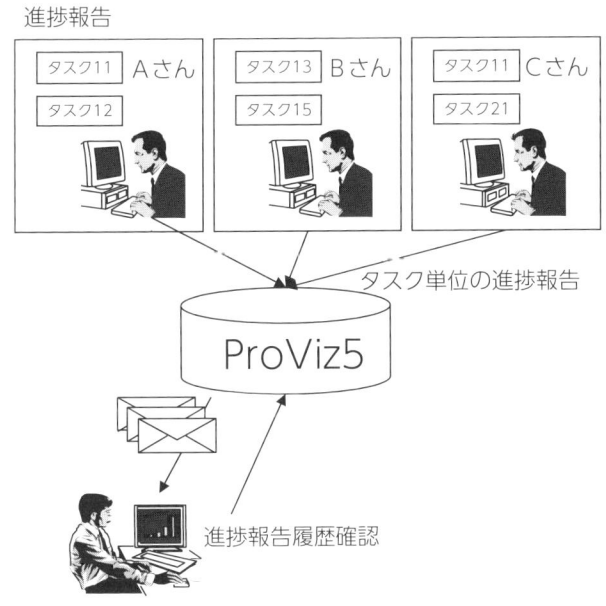

進捗報告

| タスク11　Aさん | タスク13　Bさん | タスク11　Cさん |
| タスク12 | タスク15 | タスク21 |

タスク単位の進捗報告

ProViz5

進捗報告履歴確認

PM、PMO、チームリーダー

また、進捗報告だけではなく、プロジェクトマネジャー、PMO、チームリーダーから能動的に進捗を確認することもできる。

- ステータスでの色指定を行うことで、遅延している作業を一覧画面上で視覚的にチェック
- 早期に、遅延作業をとらえることで、リスク回避につなげる

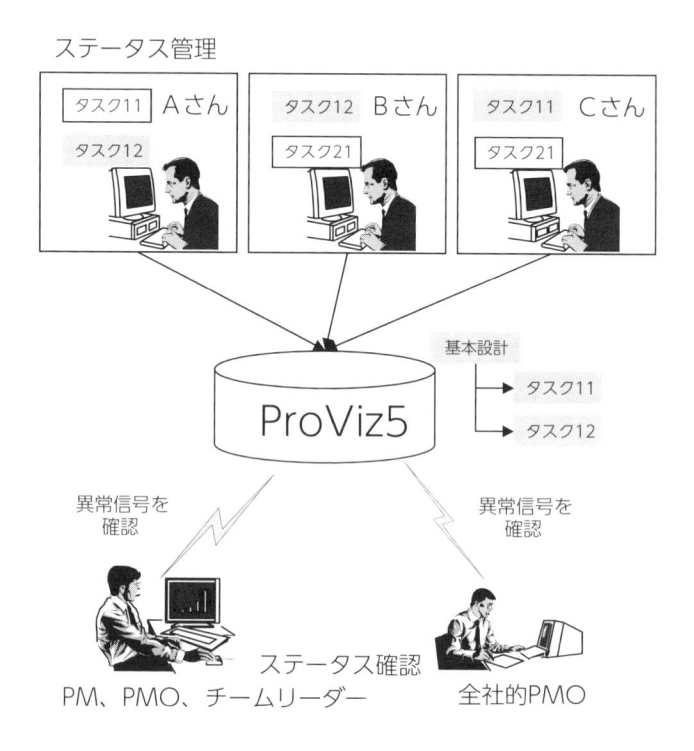

ケース C. 議事録作成（会議管理）

　プロジェクトでは多くの会議が行われるが、その場で話し合われたことが十分に管理されておらず、対応が遅れてしまうことがある。また、議事録を作成し情報共有を行ったとしても、会議で挙げられたToDo、課題、リスクなどは別表で管理されるため、情報の二重入力、二重管理の手間が無駄となる。ProViz5は情報共有および管理工数の効率化を促進している。

- 会議中の議事録を直接ProViz5へ登録（日時、場所、出席者、決定事項などProViz5のフォーマットに基づいて入力）
- 会議中発生したToDo、課題、リスクなどを議事録と紐付け、登録
- 議事録作成後、関係者に直接メールを送付

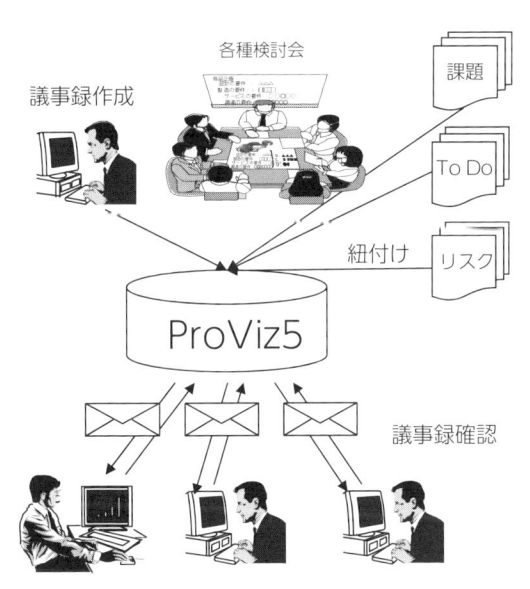

ケース D．リスクモニタリング

　リスク管理は一度リスクを書き込んだ後、モニタリングされずに放置されることも多い。ソフトウェアを使うことで、モニタリングの徹底を促すことができる。

- プロジェクトマネジャー、PMO、チームリーダーがリスク管理機能の使用権限、管理項目を設定（リスク機能の表示・非表示を個人別に設定）
- 発生可能性・影響度・管理容易性などから、自動的にリスク値を算出
- ステータスでの色指定を行うことで、遅延している作業を一覧画面上で視覚的にチェック
- プロジェクトメンバーは、監視中のリスクの状態を登録・編集
- 新規登録および更新後、関係者にメールを送信

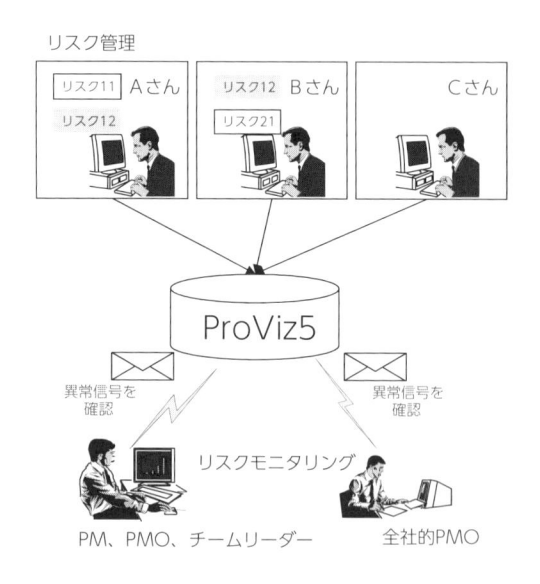

ケース E. プロセス状況レポート

　プロジェクト管理はそれぞれの個票の中身だけではなく、課題が効率よく解決されているのか、変更案件の承認や対応はスムーズなのかについてプロセスの状況を確認する必要がある。ProViz 5 ではプロセス状況レポートをリアルタイムで表示することができる。

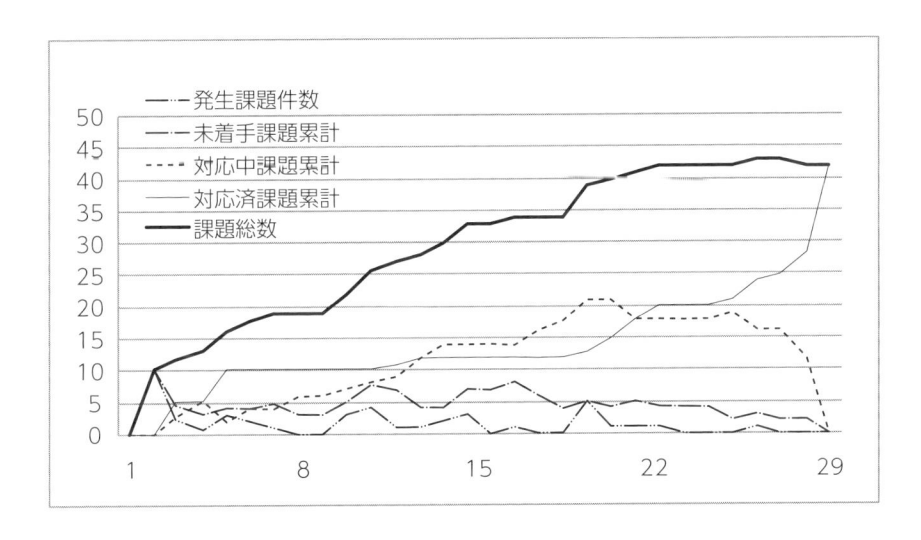

凡例：発生課題件数／未着手課題累計／対応中課題累計／対応済課題累計／課題総数

　このようにプロジェクト管理ツールとしてのソフトウェアはその使用状況を加味した上で導入の可否を判断しなければならない。そうでない場合、現場へ定着化せず、プロジェクトの状況把握が困難になってしまう。結果、PMO の生産性低下を招く。

第6章 PMOのレッスンズ・ラーンド
－PMOの成熟度レベル向上を考える

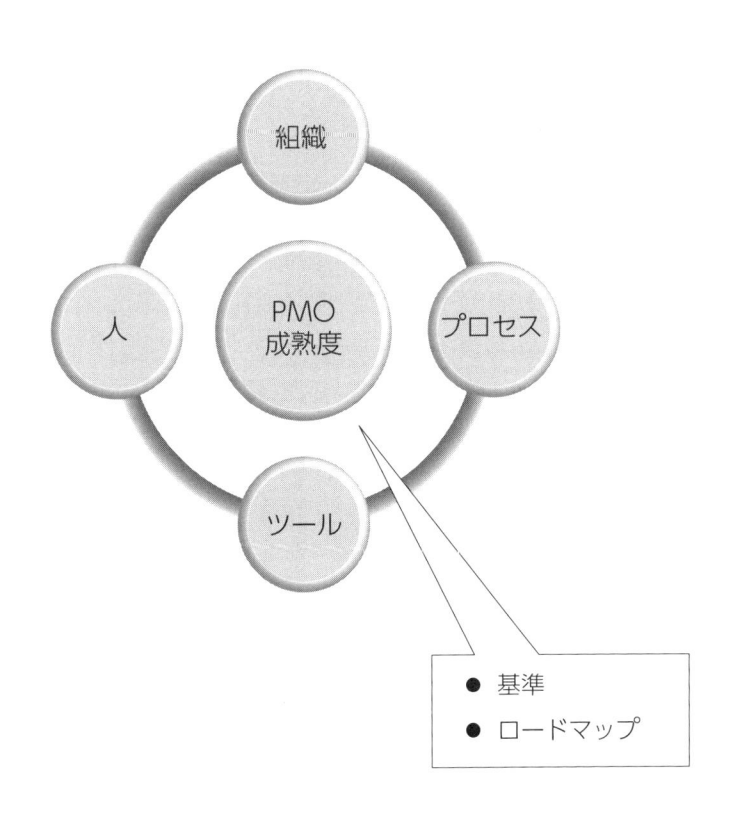

- 組織
- 人
- PMO成熟度
- プロセス
- ツール

- 基準
- ロードマップ

6.1 PMO 成熟度とは

　PMO 成熟度とは、PMO フレームワーク、つまり組織、人、プロセス、ツールそれぞれの現状をチェックする手段であり、自社の PMO 機能の現状を把握することで、身の丈に合った PMO 導入や改善活動を実施することが可能となる。また、成熟度を用いることで、段階的な改善を促すことが可能となる。

　ここで、PMO に必要な成熟度の考え方について述べてみたい。能力成熟度モデルとして主にソフトウェア業界での適用が行われている CMMI は官僚的な組織に向いていると言われている。官僚型組織に比べ、プロジェクト型組織は柔軟性や可変性が重要となる。そのような組織に対する成熟度の在り方は、"人"や"組織"に着目しなければならない。また、PMO の特徴をみて、管理工数を低減させるツールの状況も成熟度評価の１つとすべきである。したがって、PMO 成熟度には、組織、人、プロセス、ツールの４つの基軸が必要となる。

6.2 PMO 成熟度の基準カテゴリ

それぞれの基準カテゴリは以下のように考えられる。

組織：組織の設置状況（適正人数や型式の明確化）と役割・機能の明確化
　下記に関してそれぞれ
- 全社的 PMO
- 個別プロジェクトにおける PMO

人：PMO 人材のスキルレベルとコンピテンシーレベル
　下記に関してそれぞれ
- プロジェクトマネジメントコンサルタント
- プロジェクトコントローラー
- プロジェクトアドミニストレーター

プロセス：全社的または個別プロジェクトに必要なプロセスの導入レベル
　下記 PMBOK の 9 つの知識エリアに関してそれぞれ
- プロジェクト統合マネジメント
- プロジェクト・スコープ・マネジメント
- プロジェクト・タイム・マネジメント
- プロジェクト・コスト・マネジメント
- プロジェクト品質マネジメント
- プロジェクト人的資源マネジメント
- プロジェクト・コミュニケーション・マネジメント
- プロジェクト・リスク・マネジメント

- プロジェクト調達マネジメント

ツール：必要なツールの導入レベル
下記に関してそれぞれ
- 全社 PMO に必要な機能
- 個別プロジェクトの PMO に必要な機能

6.3　PMO成熟度向上のためのロードマップ

　PMO成熟度のレベル付けはそれぞれの企業、プロジェクトに応じ可変的である。PMOの役割、機能、型式はその属する組織の戦略や状況に合わせて可変的であるがゆえに、成熟度のレベルもそれぞれ異なってしかるべきである。CMMIのように5段階でそれぞれの基準をレベル分けしてもよい。ここでは、PMO成熟度のレベルをプロジェクト成功率向上へ向けたロードマップとして紹介する。

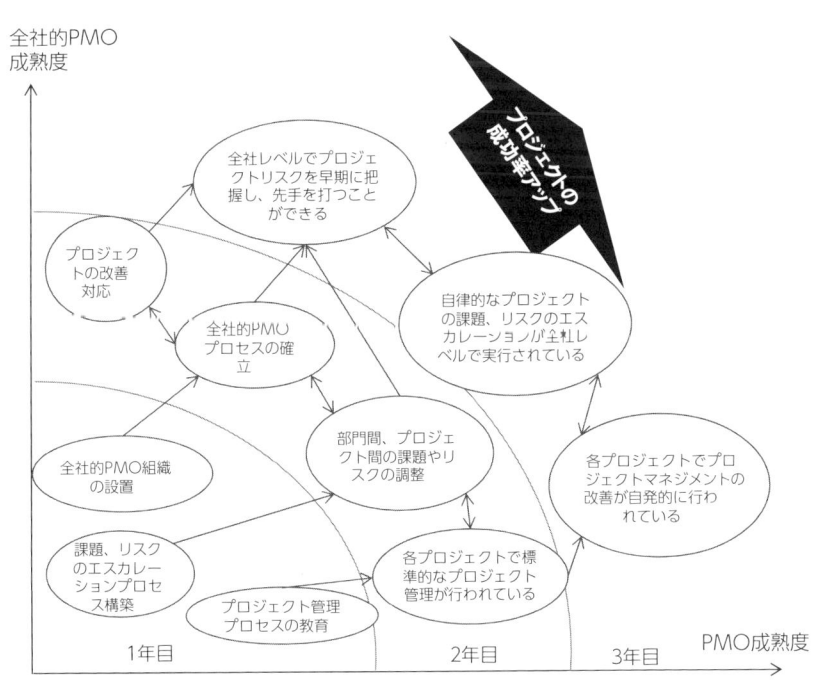

図6-1　PMO成熟度ロードマップの例

あとがき

　本書は、プロジェクトマネジメント・オフィス（以下、ＰＭＯ）を第一線の実務者の立場から解説したものである。単に机の上で論じられたものではなく、いわば、"血と汗"が通っている。そこにＰＭＯの実務者の視点から投げかけられる多くの疑問を解く"鍵"が示されていることが本書の特長である。安易に答えがあるわけではない。答えは読者自身が見つけていくものである。著者の高橋信也氏自身がその答えを探していく中から生まれたこの著作は、読者にプロジェクトを成功に導くというミッション・クリティカルな組織を創りだしていく勇気を与えるものだ。

　著者と私との共通点は、ともにドラッカリアン※であることである。それは"マネジメント"に関して共通の認識があることを意味する。「成果」に焦点を当てること、その「成果」は「社会」の中で活かされるべきものであること。ＰＭＯも単なる流行の経営手法のひとつではなく、マネジメントの本質に根ざす「役割」があることを念頭に置いておきたい。そこに筆者の主張の本意がある。本書は、「組織」「人」「プロセス」「ツール」というフレームワークと、ＰＭＯの「役割」－「機能」－「型式」という分類レベルで体系的に構成されているが、例えば、本書でこの「組織」について、「人」について、そして「役割」について語られるとき、前述のようなマネジメントについての前提がある。もちろん、これは読者に特別なマネジメントの知識を要求しているわけではない。筆者は、これら前提を実務者の立場で読者にわかるように導いてくれている。その意味で、本書は、真のマネジメントのガイドブックなのである。

　本書がＰＭＯのガイドブックとして多くの人に活用され、「社会」の

様々なプロジェクトが成功することを切に願う。

　　※ドラッカリアン　社会生態論学者を標榜するピーター・F・ドラッ
　　　カーを敬愛し、その考え方、哲学の本質を追究しようとする者。ドラ
　　　ッカーは、マネジメントの概念を体系化し、「マネジメントを創った」
　　　と言われる。

　　　　　　　　　　　　　　　　　　　　　　　監修者　峯本　展夫

[参考文献]

1. 『マネジメント―基本と原則』（ピーター・ドラッカー著、上田惇生訳、ダイヤモンド社）
2. 『現代の経営』（ピーター・ドラッカー著、上田惇生訳、ダイヤモンド社）
3. PM Journal Mar. 2007, PMI
4. 『プロジェクトマネジメント知識体系ガイド（PMBOK ガイド）第4版』（PMI）
5. 『ハーバード・ビジネスの日本診断』（ピーター・ドラッカー他、ダイヤモンド社）
6. 『プロジェクト・リスクマネジメント』―リスクを未然に防ぐプロアクティブ・アプローチ（峯本展夫、生産性出版、2002年）
7. 『プロジェクトマネジメント・プロフェッショナル』―論理と知覚を磨く5つの極意（峯本展夫、生産性出版、2007年）

「PJC（プロジェクトコントローラ）」
「PJA（プロジェクトアドミニストレーター）」
「PJC」
「PJA」
は株式会社マネジメントソリューションズの登録商標です。（登録第5271882号、登録第5271883号）

【著者紹介】
高橋　信也（TAKAHASHI Shinya）
- 株式会社マネジメントソリューションズ（www.mgmtsol.co.jp）代表取締役

福岡生まれ福岡育ち。福岡県立修獣館高校卒業、上智大学経済学部卒。ゼミは組織論、日本的経営の研究。大学卒業後、アンダーセンコンサルティング（現アクセンチュア）入社。CやC＋＋によるプログラミングから業務設計まで幅広い工程を経験した後、外資系コンサルティング会社でマネジャーとして経営管理・業績管理のコンサルティングプロジェクトに携わる。

コンサルタントとしての外部の目からだけではなく、内部の目でマネジメントを経験したいとの思いから、事業会社のシステム子会社へ入社。その当時、最年少プロジェクトマネジャーとなる。グローバルシステム開発プロジェクトのPMOリーダーとして活躍。インドにおけるオフショア開発を経験。

プロジェクトマネジメントおよびPMOが実践レベルまで落としこまれていない現状を痛切に感じ、2005年マネジメントソリューションズを設立。「組織的プロジェクトマネジメント」を志向したPMOの実践および普及に努めている。

2007年より、普及活動の一環として、日経BP ITpro「PMOを生かす」のコラム、メルマガ「PMO事例100」をスタートさせ、2008年以降はPMOに関する各種講演活動を行う。全社的PMO（プログラムマネジメントオフィス）、個別プロジェクトのPMO（プロジェクトマネジメントオフィス）それぞれについて、理論・実践両面での造詣が深い。

【監修者紹介】
峯本　展夫（MINEMOTO Nobuo）
- 株式会社プロジェクトプロ（www.projectxpro.com）代表取締役会長
- 株式会社マネジメントソリューションズ（www.mgmtsol.co.jp）顧問

大阪生まれ大阪育ち。大阪大学工学部卒、安田信託銀行（現　みずほ信託銀行）入社。第3次オンラインシステム・プロジェクト等約12年間銀行における情報システムのプロジェクトに参画。邦銀初のイントラネットを立ち上げるなど多くのプロジェクトを成功に導く。2000年を期に同社を退職、コンサルティング業界に身を投じる。そのプロジェクト経験から、国内のプロジェクトマネジメントの成熟度に問題意識を持ち、プロジェクトマネジメントに特化した企業変革コンサルティング、プロジェクトリスク監査、実践的研修トレーニング等をおこなうプロジェクトプロを設立する。"輸入もの"のノウハウが多い中、本質を追求したオリジナリティある理論と、「プロジェクトの成功」という信念に基づくコンサルティング＆トレーニング・メソッドは定評があり、ファンも多い。

・PMP：米国PMI認定プロジェクトマネジメント・プロフェッショナル
・CISA：米国ISACA公認情報システム監査人
・東京工業大学非常勤講師（大学院博士一貫教育プログラム「プロジェクトマネジメント」担当）

【所属学会・団体】
・米国PMI(Project Management Institute)、米国ISACA(Information Systems Audit and Control Association)、米国INCOSE (International Council on Systems Engineering)、
・プロジェクトマネジメント学会（SPM）、日本プロジェクトマネジメントフォーラム協会（PMAJ）、PMI日本支部（PMIJ）、ドラッカー学会など

【著書・訳書・寄稿】
・『ピラミッド交渉力』（総合法令出版）
・『プロジェクトマネジメント・プロフェッショナル』（生産性出版・4増刷）
・『プロジェクトマネジメント国際資格の取り方』（生産性出版・5増刷）
・『プロジェクト・リスクマネジメント』（翻訳、生産性出版・5増刷）
・『COBIT入門──ＩＴガバナンス・マネジメントガイド』（監訳、生産性出版）
・『プロジェクトマネジメント大全』（共著、日経BP社）
・専門家として雑誌「日経ビズテック」（日経BP社）、「PM Magazine」（翔泳社）等、業界誌、学会誌への寄稿やインタビュー記事等多数。近年では「日経ビジネス」への内部統制関連の寄稿が好評を博する。

PMO導入フレームワーク

2010年7月30日　第1刷　ⓒ
2024年10月24日　第13刷

著　者　　高橋　信也
監修者　　峯本　展夫
発行者　　髙松　克弘
発行所　　生産性出版
〒102-8643　東京都千代田区平河町2－13－12
日本生産性本部
電　話　03（3511）4034
https：//www.jpc-net.jp/
ISBN978-4-8201-1950-0　c2034

印刷・製本／第一資料印刷
Printed in Japan

プロジェクトマネジメントを読む

ISBN	書名・著者	内容・仕様
978-4-8201-1927-2	**プロジェクト・ナレッジ・マネジメント** ニック・ミルトン著 梅本勝博＋石村弘子 監訳 ンコム・システムズ・ジャパン訳	プロジェクト内、プロジェクト間で知識をどう伝えるのか。その仕組みづくりから運用までを解説する。 Ａ５判　184頁　本体価格2000円
978-4-8201-1858-9	**プロジェクトマネジメント・プロフェッショナル** 峯本展夫著	プロジェクトマネージャーはどのような論理と知覚を身につけるべきか。これまでにないＰＭ論。 Ａ５判　240頁　本体価格2400円
978-4-8201-1888-6	**ＷＢＳ構築** 大川清人著	プロダクト型、サービス型、結果型のあらゆるプロジェクトにＰＤＣＡを可能にするデリバラブル指向のＷＢＳの理解と応用。 Ａ５判　182頁　本体価格2200円
978-4-8201-1794-0	**プロジェクト・コストマネジメント** パービッツ・Ｆ・ラッド著 伊藤衡＋福田裕一＋増田博人訳	コスト見積の作成と進捗管理の手法を、試算例を交え初級者向けにわかりやすく解説する。 Ａ５判　166頁　本体価格2000円
978-4-8201-1764-3	**プロジェクト品質マネジメント** ティモシー・Ｊ・クロッペンボルグ＋ ジョーゼフ・Ａ・ペトリック著 三浦重郎訳	顧客満足・プロセス改善・事実に基づくマネジメント・権限委譲によるパフォーマンスを実践する。 Ａ５判　174頁　本体価格2000円
978-4-8201-1740-7	**プロジェクトマネジメントオフィス** ニトーマス・Ｒ・ブロック＋ Ｊ・デビッドソン・フレーム著 仲村薫著	マネジメント支援、組織へのコンサルティング、標準化と手法開発、研修など、その機能を述べる。 Ａ５判　126頁　本体価格1600円
978-4-8201-1664-6	**プロジェクトマネジメント革新** 芝尾芳昭著	納期・コスト・品質から、ビジネス目的の達成へ。基本から実践レベルまで、理解しやすくまとめ。 Ａ５判　304頁　本体価格2600円
978-4-8201-1781-0	**プロジェクト・バランス・スコアカード** 小原重信＋浅田孝幸＋鈴木研一編	組織の価値創造能力を新たに飛躍させる方法を第一線の執筆陣がプロジェクト評価に着目して語る。 Ａ５判　198頁　本体価格2000円

消費税が含まれていない本体価格のみを表示しています。